令和時代を生き抜く
中小・零細製造業のための

成長戦略と新製品開発の秘訣30

清水ひろゆき 著

セルバ出版

まえがき

■令和の時代で求められること

平成が終わり、令和の時代になりました。平成の30年の間では、世の中、そして中小企業を取り巻く状況は大きく変わりました。インターネット・ＩＴを中心としたテクノロジーの進歩とそれに伴う情報量の爆発的な増大はもちろんですが、日本がバブルから失われた10年、そしてリーマンショックを通して世界経済の中での存在感を失う一方で中国が台頭してきました。

また、寿命が延び「人生１００年時代」と言われるようになり、個人の価値観がより重要視されてきたでしょう。さらに、日本では災害も多く、環境や防災など社会的な問題への意識もより高まってきています。

そんな中、この令和を生き抜き、躍進すべく中小製造業が考えていかなければならないポイントは何でしょうか？

●進化するテクノロジーの利用
●情報の選択的有効利用
●個人の価値観の許容による人づくり
●世界経済の流れを掴む

などが重要になってくるでしょう。

IT／IoT／AI／5Gなどのテクノロジーの発展は中小企業が安い費用で使えるレベルになり、これら技術を使わない手はない、利用しないで戦略・製品を考えることはもはやできません。本書でどのような切り口でこれらの技術の利用を考えていくのかをお伝えします。

平成ではインターネットの広がりもあり、あふれる情報にもまれているばかりでしたが、令和の時代では逆に上手く情報を選択し、利用していくことがより求められます。人・物・金のリソースの少ない中小企業にとってこれは大きな追い風で、市場分析や売上予測のためのデータ収集などが可能になってきました。

また、個人の価値観が多様化してきたことを受け入れざるを得ない中、社員の力を会社の発展につなげるための施策も求められています。

米中貿易戦争は、両国の覇権争いが顕在化したもので、今後数十年は続く可能性があります。その影響の大きさから、貿易戦争を含めた世界の経済の動きにも注目し、流れを掴んで上手く乗ることも必要です。

■本書の狙いと構成

本書は、経営戦略・マーケティングでよく出てくるさまざまな経営戦略のフレームワークやPEST分析・3C分析・マーケティングの4Pなどの分析手法についての解説書ではありません。もちろん、それらフレームワーク・分析手法は利点も多いので、エッセンスは本書の中に多くちりば

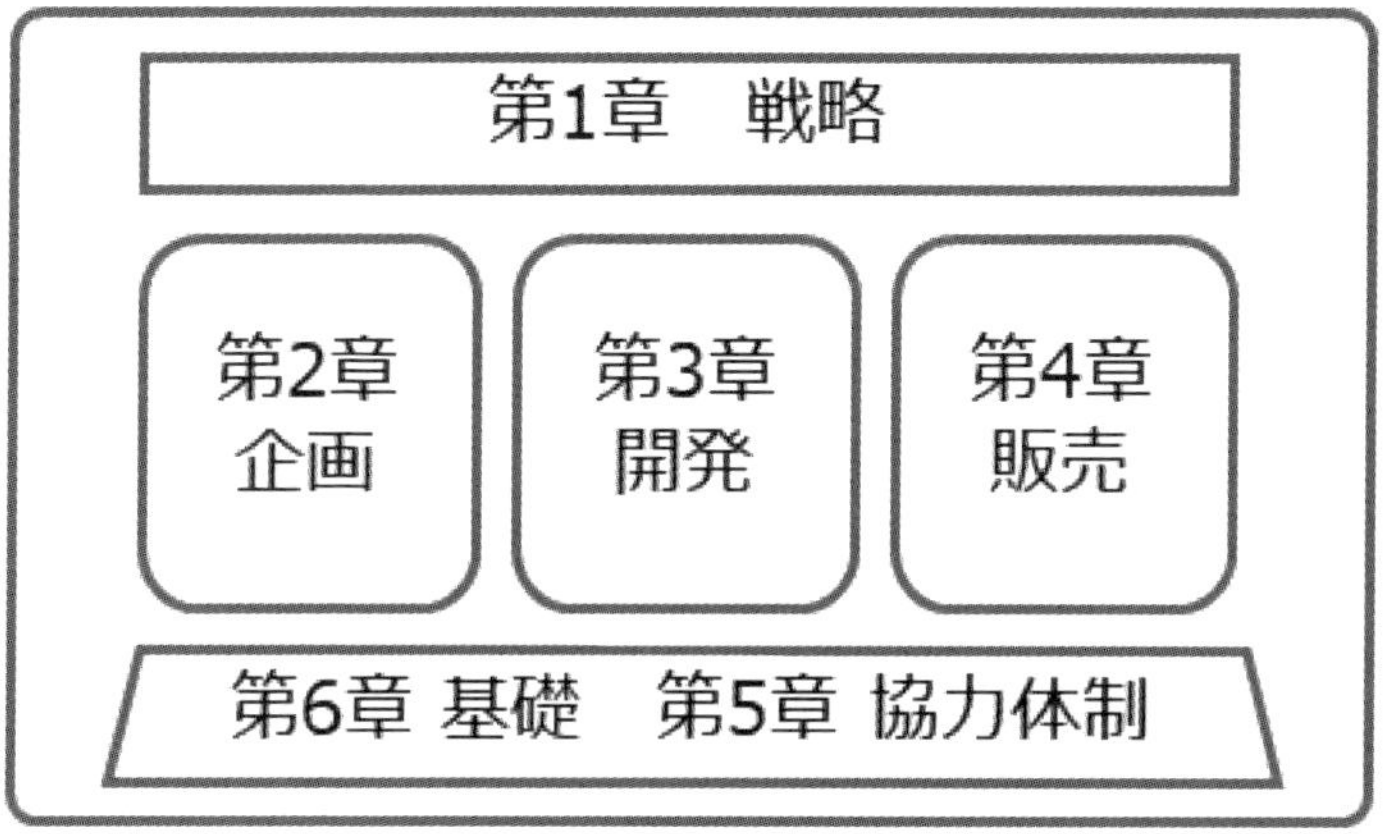

本書の構成

めていますが、「では具体的にどうすればよいのか」の疑問に応えるのが本書の目的です。

大手企業である意味理想の形を知りながらも、中小製造業で実際に働いた体験とコンサルタントとして多くの中小企業を診てきた経験から、「中小製造業あるある」の悩みの解決策を提示していきます。

本書は6章で構成されています（上図参照）。

第1章は、企業としての製品開発の方向をどう定め、戦略をつくっていくのかのポイントを書いてあります。第2章〜第4章までは製品の開発の流れを、3段階に集約して秘訣を書いてありますので、各段階で適用することにより、効率的な製品開発ができるようになるはずです。

第5章は、とかく対立しがちな営業と開発がいかに協力していくかについて実践的なやり方について書いてあります。第6章は、企業の基礎・土台の構築です。基礎がしっかりしていることで第5章までの秘訣が活きてきます。

もちろん新製品の開発には、時代で変わらない普遍的なポイントや、企業規模によらない問題点や留意点が多くあります。それらについても、新しいこの時代で、中小企業で可能な解決策という観点で書いたつもりです。

本書では秘訣として30を挙げましたが、企業の規模や経緯、業種や製品の性格により、どの秘訣が御社にとって効果的かは変わってきます。

この30の秘訣を実践していただくことで、売れる新製品の開発・販売で利益を得て、会社を成長させるとともに、社員の喜びにつながるよいスパイラルとなることを確信しています。

２０１９年　８月

清水ひろゆき

令和時代を生き抜く中小・零細製造業のための成長戦略と新製品開発の秘訣30　目次

第1章　売れる製品戦略づくりの秘訣

第2章　売れる新製品企画の秘訣

第3章　技術者の力を活かす開発の秘訣

第4章　効果的な販売促進の秘訣

あとがき

第1章　売れる製品戦略づくりの秘訣

1　戦略づくりの軸の考え方

■成長戦略構築の軸

企業が継続的に確実に成長していくには、企業に合った方針、方向、つまり戦略が重要になります。戦略とは「目標を効率的に達成するための行動を決める判断基準」と言えます。

戦略がなくても目標に到達することは可能かもしれませんが、数ある手段の中から、なるべく早く、最小限のコストで到達するには適切な手段を選ぶことが必要です。

どんな手段が効率的なのかを決める基準をあらかじめ決めておくことで、ぶれることなく、速やかに判断して進めることができます。

この戦略、判断基準を決めていくにはいくつかの「軸」、いわゆる「切り口」を持つと考えやすくなります。

本章では、令和で想定される状況の中でその戦略を構築する軸について説明します。

■事業の基本3要素の軸

ビジネスが成立するための要素を究極的に突き詰めると、「自社」、「製品」、「顧客」の3つです。この基本3要素は、時代や状況によって変わることがありません（図表1）。

【図表１　事業の基本要素と、製品開発の視点】

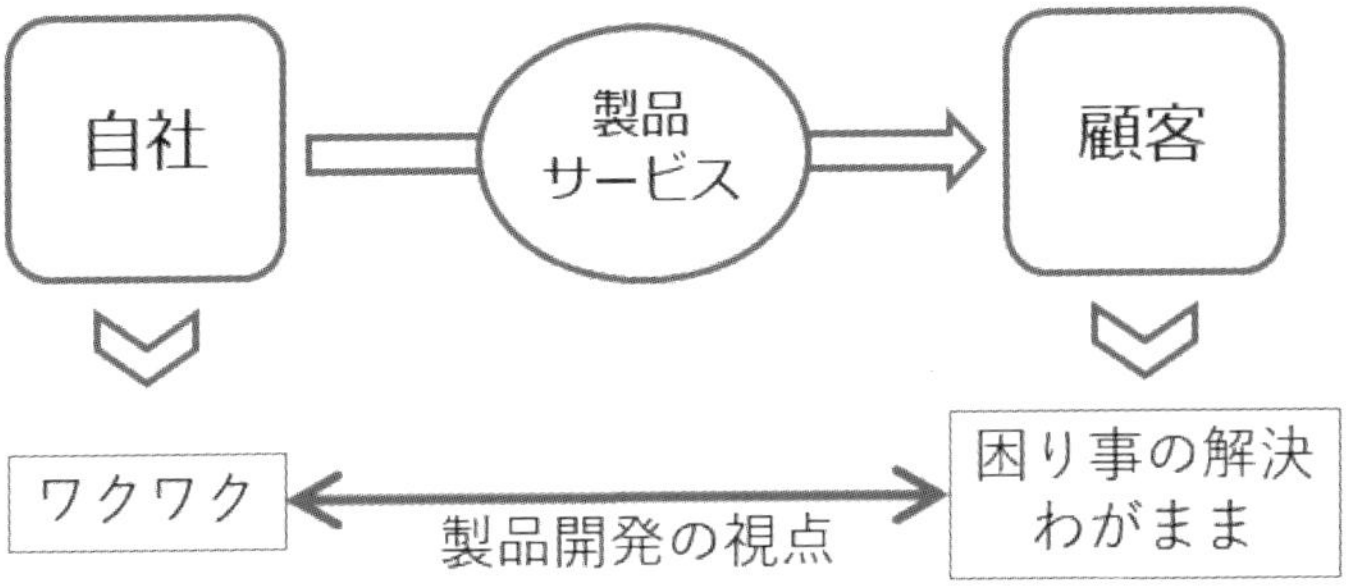

「自社」、もちろん自分自身がいなければ、何事も始まりません。自社が提供する何か、つまり「製品」がなければビジネスにはなりません。モノである必要はなく、無形のサービスの場合もあります。そして自社が提供した製品を購入してその対価＝利益を与えてくれるのが「顧客」です。

マーケティングの手法として、３Ｃ分析：自社・顧客・競合、５フォースモデル：売り手・買い手・競合・新規参入者・代替品、などが提唱されていますが、突き詰めると、売り手はもちろん、競合や新規参入者も彼らにとっては自社、代替品も製品、買い手はまさに顧客、ということになり、３要素に集約されます。ビジネスが成立するための最低条件ともいえる「事業の三要素」は普遍であり、時代や企業規模などによらず、常に戦略構築で考慮しなければいけない軸です。この軸をどのように戦略構築につなげるかは次節で詳しく述べます。

■製品のライフサイクルの軸

自社が製品を提供していく過程がライフサイクルで、次のようなステップになります。

①企画
②設計
③調達
④製造
⑤販売
⑥サポート
⑦廃棄

提供する製品によってそれぞれのステップのその比重は異なりますが、必ずこれらのステップを踏みます。そして各ステップで自社の状況を踏まえて、どのような判断と行動をとるかの戦略を決めていきます。

この製品のライフサイクルの軸は、自社の開発プロセスにとどまらず、どのような製品を提供するかを見出していく軸にもなります。特にB to Bにおいては、顧客である企業もこのライフサイクルで製品を開発し、その先の顧客に提供しています。

したがって、顧客企業がそれぞれのステップでどのような課題を抱え、どのような製品・サービスを提供することがそれらの課題解決に貢献するのかを考えることで、製品の企画に活かせることになります。

■テクノロジーの軸

平成の30年は、ＩＴ・インターネットを主としてテクノロジーが急速に発展した時期でした。今では当たり前になったパソコンのウィンドウ形式も、その最初は、１９９０年＝平成２年発売のウィンドウズ３・０です（よく知られているウィンドウズ３・１はその翌年の発売）。一度に複数の作業を中断することなく、それぞれのウィンドウで行えることに衝撃を感じたのを覚えています。

現在は、ＡＩ、ＩｏＴ、ビッグデータ、クラウドなどの技術が急速な勢いで進歩し、自動運転はもちろんのこと、さまざまな業務に適用されつつあります。

令和時代ではこれらの技術が更に発展するとともに、利用する費用が格段に下がってくることは、容易に想像できます。

リソースの少ない中小企業にとって、平成ではまだ敷居が高かったこれらの技術をより利用しやすくなってきたとは言え、いかにうまく利用するかが、成長の大きなポイントになります。

情報を含めたテクノロジーをどのように製品の企画に活かしていくかについては、第２章で詳しく述べます。

■社会性の軸

平成の時代に高まってきたもう１つが、社会性の軸です。環境問題含めた企業の社会的責任と貢献という考え方は、個人のレベルにも浸透してきました。

現在国連が提唱する「持続可能な開発目標：Ｓｕｓｔａｉｎａｂｌｅ　Ｄｅｖｅｌｏｐｍｅｎｔ　Ｇｏａｌｓ（ＳＤＧｓ）」は、２０１５年に採択されたのですが、実は２００１年に採択された「ＭＤＧｓ：Ｍｉｌｌｅｎｎｉｕｍ　Ｄｅｖｅｌｏｐｍｅｎｔ　Ｇｏａｌｓ（ＭＧＤｓ）」がベースになっています。

地球温暖化問題は、１９９７年の京都議定書の採択を経て、映画「不都合な真実（２００６年）」で、世界的な課題として一般的な関心事項となってきました。

寿命が延び、「人生１００年時代」と言われるようになりました。現在の日本の平均寿命は、男性：81・09歳、女性：87・26歳で、今60歳の男性は、平均余命が23・72歳なので84歳まで、60歳の女性は、26・97歳なので、約89歳までが平均的な寿命になります（厚生労働省「平成29年度簡易生命表の概況」より）。

実際に半数の方（中央値）は、もう2～3年長生きするそうなので、現時点でも90歳を超えるかどうかという段階です。

このようになると、定年が今後65歳から70歳になっていくとしても、20年以上をどう生活していくか、真剣に考えなければいけなくなりました。個人の働き甲斐だけでなく、生き甲斐がより重要になってきたことになります。

この状況が令和時代になってより強まることは確実なのですから、この社会性の高まりを１つの軸として、製品の戦略を考えていくことが必要と言えます。

ＳＤＧｓを社会性の軸の具体例として、どのようにビジネスに結び付けていくかは、第2章で詳しく述べます。

2　戦略構築の基本、自社の軸と顧客の軸

事業を突き詰めると、自社・製品（サービス）・顧客の３つの要素が残ります。３つのどれが欠けても事業は成り立ちません。

そして製品を開発する視点としては、「自社」か「顧客」のどちらかの視点になります。自社の視点をプロダクトアウト、顧客の視点をマーケットインという場合もあります。

ここで、成長に結びつく製品開発を別の視点から考えます。

■自社の軸「ワクワク」

まずは、「自社」では、「ワクワク」を考えるのも1つの視点です。できるかできないか？ではありません。

「ワクワク」は、経営者、あるいは社員が「ワクワクする」、「楽しい」、「つくりたい」、「できたら嬉しい」と思えるかどうかということです。人間は根本的に、楽しさや意義を感じるものには力が入り、積極的に結果を出そうとします。モチベーション理論の内発的動機づけ要因の1つである

【図表２　２方向からの“ワクワク”の視点】

「仕事そのもののワクワク感、面白さや楽しさ」です。

また、同じ「ワクワク」を感じる、その「ワクワク」に共感する人、企業が集まってきて協力してくれることも期待できます。価値観が多様化し、幅広く情報発信ができるようになったからこそ、共感、協力者が現れる可能性は格段に高くなってきています。リソースの少ない中小製造業にとって協力者は大きな助けになります。

本書の執筆中に宇宙空間到達に成功したＭＯＭＯロケットを打ち上げたインターステラテクノロジズ社も、もともとは宇宙ロケットにあこがれを持つ植松電機の植松努氏に堀江貴文氏など多くの方が共感し、技術や資金面での協力をしていることが成功の大きな要因になっています。

「ワクワク」から戦略を考える際に具体的には２つの方向から見ることができます（図表２）。

●やろうとしていることに自分が「ワクワク」を感じるか？

●自分が「ワクワク」を感じていることを製品にできないか？

一度、その製品を開発することに対して、経営者自身、そして技術者や担当者が「ワクワク」を感じるかどうかを、１つの視点として考えてみてください。

■顧客の軸「困り事の解決」

もう一方、顧客からの軸では、「その顧客の困り事」を考えます。製品は、顧客が困っていること、顧客の課題を解決するための手段で、それに対して対価を支払ってもらえます。

解決する課題は、もちろん個々の企業が持つ課題でもよいのですが、これからの令和時代では、社会性を帯びた課題がより脚光を浴びることになるでしょう。

【図表３　株式会社イズミの泉社長の思い】

イズミ
消えないまちだ君
市民を災害から守る
災害で非難した人たちの、
安心と安全を確保したい!

「解決してあげたい」の想いから製品を開発し、成功している１つの例を紹介します。

無停電照明電源システム「消えないまちだ君」を開発・販売している東京都町田市の株式会社イズミ（以下イズミ）です。「消えないまちだ君」は、道路や公園などの照明の電源で、高性能バッテリーを搭載して、災害などの停電時には自動的にバッテリーでの点灯に切り替えることで、明るさを確保します（図表３）。

イズミは１９８５年設立で、主に水のろ過装置を開発し、ホテルや保養所などの浴槽やプール向けに販売していました。イズミの泉正人社長は、生命保険会社の支店長として活躍した根っからの文系の方です。

泉社長によると、２０１１年の東日本大震災のとき、福島や宮城などで停電が長く続き、夜には真っ暗となって避難所でありながら、不安な夜を過ごす避難された方々を見て、「何とかこういう方たちに、安心・安全を確保できる環境を提供したい」との強い想いを持たれたそうです。

もちろん、直後の計画停電で町全体が真っ暗になる様子を体験したことも大きかったのでしょう。そして、その「安心・安全」のためには何が必要なのかを考えて行きついたのが、「照明」でした。ほのかでも灯りがあれば、足元や手元、家族の顔が見え、居る場所を認識できます。何よりの安心につながります。離れていても道標となって、安全にもつながります。災害時にも一定の明るさを確保する照明をつくることを決意したそうです。

イズミには、電気や照明関係の技術はほとんどなく、キーとなるバッテリーについては全くゼロから探し始めたそうです。それでも同じく災害時の帰宅者の安全の確保に課題を感じていた町田市の協力を得ることができ、特許も取得し（町田市との共同特許）、２０１３年「消えないまちだ君」として販売にこぎ着けました。

今では町田市はもちろん、東京都内の複数の自治体、静岡県や千葉県にも設置されていて、東日本大震災で大きな被害を受けた気仙沼市にも寄贈されています。

「消えないまちだ君」は泉社長の、「避難者を安心させてあげたい」という想いから始まり、その社会性から大きな共感を得て、全く活用できる技術がない中から、多くの企業・団体の協力を得ることで、製品化することができました。「困り事の解決」を軸にした製品の企画・開発が成功した

1つの事例です。

「消えないまちだ君」は、第7回協働まちづくりグランプリ（自治体総合フェア）や、中小企業優秀新技術・新製品賞（りそな中小企業振興財団・日刊工業新聞社）を受賞するなど、その技術と製品性が大きく評価されています。

ちなみに、「消えないまちだ君」の製品名は、町田市長が名付け親です。

このように、自社の「ワクワク」と、顧客の「困り事の解決」の2つの軸で、製品を企画、戦略を構築していくことも有効です。

3　自社の強みの見つけ方：効果的なSWOT分析のコツ

■あなたの会社の強みは何ですか？

コンサルティングに入るとき、最初に聞く質問の1つです。

効果的な戦略には自社の強みを活かすことが第一なのですが、すっと答えをもらえるケースは意外と少ないです。「うちは特に強みはないです」とか「とにかくコストが安いことです」などの答えをもらうことが多いです。

強み・弱みというとSWOT分析が思い浮かびますが、実際にこの分析を行ってその後の製品企画や販売促進に効果的に活かしている企業は多くありません。「SWOT分析は難しい。役に立たない」という評価やイメージを持たれている方が多いようです。

■SWOT分析はなぜ難しいか

一番の理由は、「自分のことはなかなかわからない」ことです。強み・弱みを認識するためには自身を客観的な第三者の立場に置いてみることが必要ですが、なかなかできません。自分にとっては当たり前なこと、特別ではないことは、普段意識していませんから、〝強み〟として認識するのが難しいのです。

あるプリント基板製造会社の社長さんとお話したときのことです。「今は大手企業からの受注が大半ですが、実は少しずつ減っています。今後が心配なので、新規顧客を開拓していきたいが、競合が多く、どうしても価格の話になってしまう。何か強みがあればいいのですが……」という悩みを話されました。

「強みはない」との認識だったわけです。それでもお話を聞き進めていくと、その大手企業とは何十年もの付き合いで、もちろん毎年監査に来るということでした。その瞬間、この会社の強みは、「大手企業との長年の付き合いからくる品質管理であること」がわかりました。監査を受けていく中で、実は大手企業並みの品質管理体制ができ上がっていたわけです。

ところが社長は、「そんなの当たり前のことだから、いつもやっていることだから」という認識です。私は、「いつも当たり前にできていることが強みです。安定した大手レベルの品質を確保できることになり、御社の大きな強みになります。是非その強み『大手企業の長年の監査で築いてきた品質管理体制』を新規顧客の開拓に利用してください」とお伝えしました。

自社の当たり前が、実は他社と差別化できる強みになるわけです。

２つ目の理由は、強み・弱みはあくまでも比較であることです。同じ項目でも比較する相手によっては自社が強い場合も弱い場合も出てきます。それらを区別せずに「強み」か「弱み」かに決めてしまうのは無理があります。でき上がったSWOT分析の表を見て、何とも言えない違和感を覚える最大の理由です。製品の企画や販売促進にSWOT分析を使おうとしたときに、この違和感から結局使えない・使わないことになってしまうのです。

条件によっても状況が変わり、同じことが強み・弱みのどちらにもなり得ますし、顧客によっても変わります。

また、顧客からのクレームや悪い話が記憶に残りやすい、ということもあります。顧客もなかなかよいことは普段話す機会がなく、問題が起きたときにクレームを言うことになり、それが営業やサポート担当者を通じて強く記憶に刻まれてしまうことも、強みよりも弱みがたくさん出てきてしまう一因です。

■自社の当たり前を見つける

自社の強みを見つける1つの方法は、「自社の当たり前を探すこと」です。先の例のように、自

【図表４　製品の強み／弱みの視点、項目例】

○仕様/特徴
- 精度,感度,範囲,動作時間,安定性,再現性
- 表示の大きさ/見やすさ,カスタマイズ性/自動化
- 入力/出力データのフォーマット
- 使い勝手/使用環境,安全性/信頼性/耐久性,規格,特許

○携帯性,施工性,省電力/省エネ,他製品との連動
○納期/価格,サポート
○更新の容易さ,初期コスト/ランニングコスト

社がいとも簡単にできているということは大きな強みの裏返しであるのですから、一度「自社で当たり前のこと」をリストしてみましょう。そして、それが本当に「他社、世の中でも当たり前なのか」という意識で一度見直してください。

これはある意味、自社を客観的に見たり、自社以外の状況を調べて把握したりすることになります。自社を第三者的な立場で見るのはなかなか難しいことで、可能であれば第三者に一度見ていただくことをすすめます。

地元の商工会・商工会議所や公的機関での企業診断プログラムの利用を検討してもよいでしょう。

こうした中で、指摘を得ることで、自社を客観的に見るスキルが高まってきます。

強みを考える視点を項目としてあらかじめリストしておき、その項目について自社の状況はどうか、他社との差はどうかを考えていくことも、抜けをなくし確実に強みを見出すには有効です。図表４にその項目の一例を示します。

この視点は企業の業種や製品の性格で異なるところもありま

【図表５　ＳＷＯＴ分析シートの記入例】

強み	強みの相手/条件	弱み	弱みの相手/条件
-小型軽量で携帯性がよい	A社,B社	-消費電力が大きい	B社,C社
-高精度,バラつきが小さい	A社/低温時 B社/大レンジ	-大きなレンジがない	A社,B社/ 100V以上
-自動で係数を計算,表示	B社,C社	-現地での更新が不可	B社,C社
-短納期	A社,C社/ 標準仕様時 関東地区のみ	-納期長い	オプション時

す。顧客が購入を決めるときに考慮すると思われる視点を製品ごとに決めて、それら項目に対して他社と比較をしていくことになります。

■比較相手、条件を併記する

また、比較した相手・競合やその条件を明記することも必要です。これを記載しておくと、製品の企画はもちろん、販売のステップでもつくったＳＷＯＴ分析の表が活きてきます。

売込み先がどんなところ、どんな条件であればどの競合には優位を保つことができ、どの項目を強みとしてアピールすればよいかが一目瞭然になるからです。

これらのポイントをまとめて反映させることができるようにしたＳＷＯＴ分析シートが図表５です。比較する視点、比較した相手、強み・弱みの条件を記載していきます。

面倒なようですが、製品戦略の基礎となる自社の強みはしっかりと把握しておくことが必要なので、是非一度自社の強みを分析して見つけ出してください。

4　市場の軸：変化への対応

昭和から平成に進み、世の中のさまざまな変化がどんどん早くなってきています。このような中で生き残り、成長するためには、その変化に対応していかなければなりません。

■変化に対応する力を持つことが必須

大企業でさえ、市場の変化に適応できず、退場となった企業は非常に多いです。

例えばイーストマンコダックは写真フィルムではかつて世界トップシェアでしたが、カメラのデジタル化という変化に対応できませんでした（２０１２年に倒産、企業規模を縮小して２０１３年に再上場）。片や同じ写真フィルムを主事業としていた富士フィルムは、苦しい時期はあったものの、フィルムで培った技術を応用して、医療・医薬品、化粧品、ヘルスケアなどの分野に進出し成長しています。

令和の時代になって、世の中、そして市場の変化は更に激しく、早くなっていくことが容易に想像されますから、その変化に対応する力を持つことが必須になります。もちろん、この変化は、厳しさと同時にチャンスももたらします。

この節では変化に対応できる企業になるために、新たな市場を見つけ出していく実践的なコツについて説明します。

■縮小市場の隣に拡大市場はないか

ある通信関係の部品を製造し、主に国内に販売をしている中小企業Ｍ社の、営業担当部長さんと開発担当部長さんとお話したときのことです。お二人は、「弊社の部品の市場はどんどん小さくなっている、この先何とか新市場を開拓しないといけない」と切実にお話されていました。

縮小の要因は、部品の小型化で今までの製品では対応できなくなってきたことと、顧客の工場自身が海外へ移転して、国内での調達が減ってきたことだそうです。

２つとも、テクノロジー、ビジネス環境の変化から、致し方ない要因です。実際に売上自体も少しずつ減少傾向だそうです。

さて、この市場ですが、本当に縮小しているのでしょうか。売上の減少は市場縮小ではなく、シェア減少の可能性はないでしょうか。もちろん市場すべてを把握できているわけではないのですが、競合が２社程度でも他に輸入品とかに置き換わっているかもしれない、とお話されていたのでシェアが下がっている可能性もありそうです。

後になって通信市場の中でＭ社製品が関連する分野について少し調べてみました。すると実は通信の分野は、データ通信量が指数関数的に増加している状態で、今後も継続する予測です。そして、通信の中の一分野のＩｏＴ関連機器も急速に増加する予測です。

Ｍ社の製品は、ＩｏＴ含め通信のある技術要素の部分に使用されるのですが、その部分に限っても、年率５％程度で長期的にも延びるという予測が、複数の大手調査会社から出されています。

したがって、その中のM社部品の市場が縮小していたとしても、同じ技術要素の中のどこかの市場は伸びている、あるいは新しい市場が立ち上がっていることになります（図表6）。

少し引いて、広い範囲で俯瞰すると、実は拡大する市場の中にいる可能性があります。

全く新しい市場に打って出ることは、大手でもかなりのリスクを伴いますから、リソースの少ない中小企業では、なるべく近い、隣の市場を新市場とする戦略が優先でしょう。

このような市場を見つけるには、今のように少し引いて、広い市場として俯瞰してみることが必要です。細分化された市場については、なかなか市場規模などの統計情報は見つけにくいですが、市場のレベルを高く取ると、調査機関や国などで具体的な数値を見つけることが可能です。これらの数値を把握することで、本当に自社の市場は縮小しているのか、近くに拡大している市場があるかを推定することができます。

■隣の市場の「困り事」の把握

中小企業の新製品企画では、新規の顧客を開拓して売上・利益を増やすことが重要な目的の1つです。それでもなかなか既存顧客以外に購入してもらうのは簡単ではありません。

「新規顧客獲得コストは、既存顧客維持コストの5倍」と言われます。これは販売の段階について言われることが多いのですが、新製品の内容＝企画によっては、10倍にも100倍にもなり、新規顧客をほとんど獲得できないケースもあり得ます。企画の段階が特に重要になるわけです。

【図表６　近くで拡大している市場はないか？】

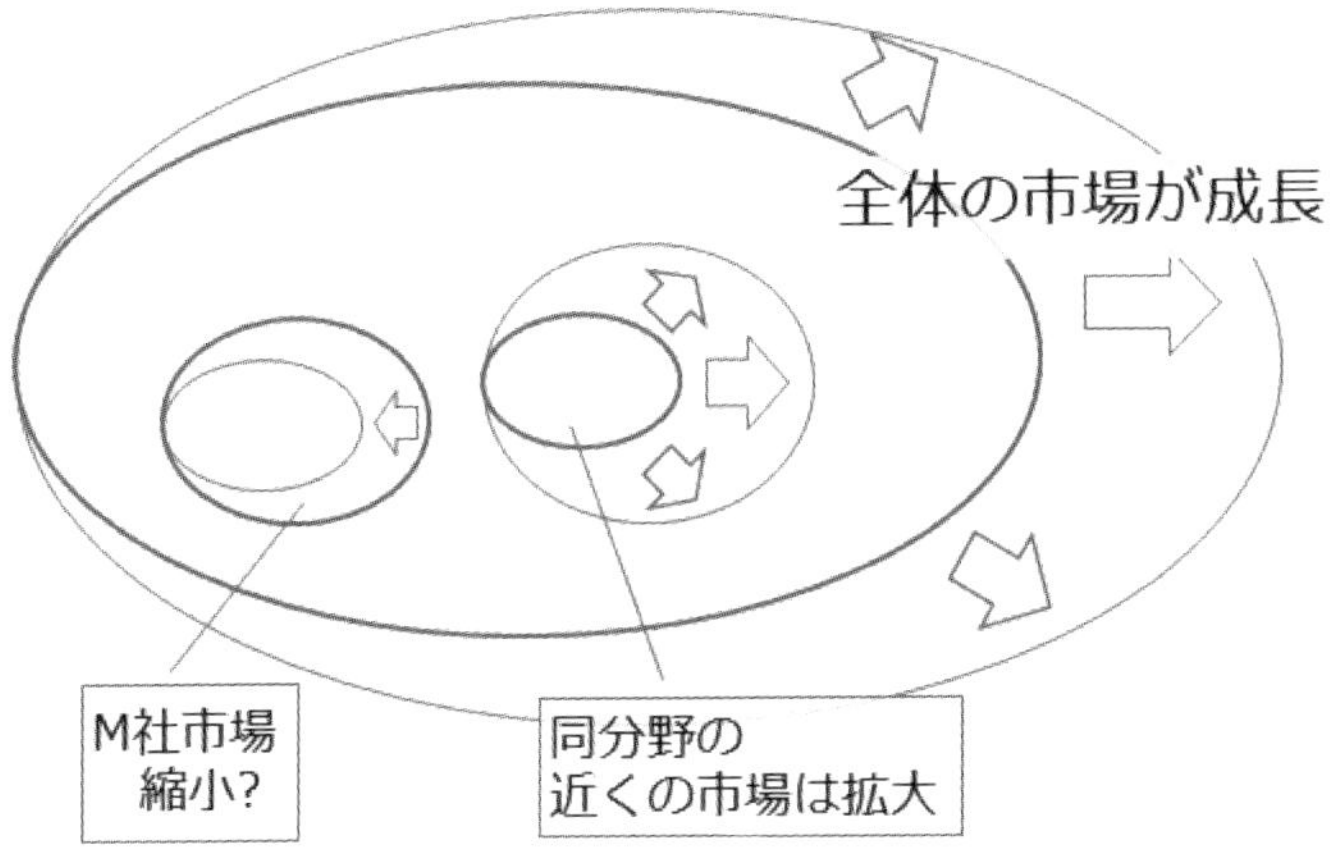

新規顧客の開拓は、販売促進の面でも大きな影響があるのですが、ここでは製品企画のステップで考えるべきことを説明します。

ポイントは、次のとおりです。

●その企画は、顧客の「困り事」を解決するか？
●想定した「困り事」は正しいか？
●「困り事」を想定できる情報を持っているか？

当たり前ですが、企画した製品は、その顧客の課題解決になっていなければなりませんが、今まで接点がなかった顧客の「困り事」を把握、想定、検証するのは簡単ではありません。

何らかの方法で、「将来の顧客」の可能性のある企業・人に接触する行動も必要ですが、それでも必要な情報が正しく得られる確率はどうしても低くなることを想定しておかなければなりません。

当然ながら、信頼関係が未構築で、本音を伝えてくれる可能性が低いためです。

■既存顧客から見えていない課題を想定する

既存顧客は、既に信頼関係を構築済みですから、情報は取りやすいはずです。既存顧客からの情報で新規顧客の「困り事」を想定し、検証するのは効率的な1つの方法です。

【図表7　高いレベルの課題から、見えていない課題を想定】

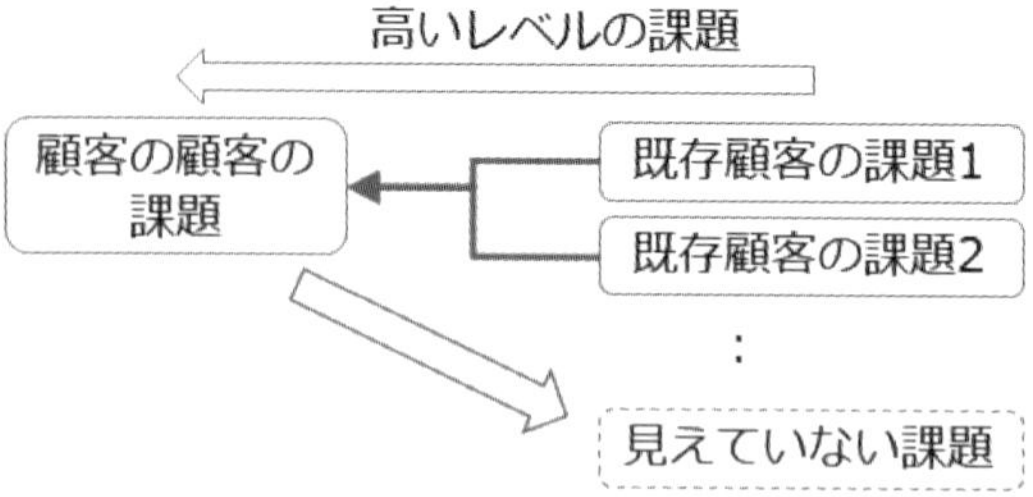

既存顧客から新製品企画に関連して情報を取るにあたって、「思い込み」に注意しなければいけません。聞くほうも答える顧客もどうしても「現在の製品」に捉われてしまいがちです。聞く側はあくまでも顧客の「困り事を聞く」という姿勢を明確に持っておく必要があります。

顧客の言葉を「今の自社、今の製品には直接関係はない」と思えることでもしっかりと聞き取っておくことで、新製品の企画では、より高いレベルの顧客の課題の解決を盛り込むことになり、顧客にとって価値の高い製品となります（図表7）。

同時に「高いレベルの課題」は、なかなか接触できない「新規顧客」の課題を想定する上で非常に重要な情報です。レベルが高いほど、個々の顧客の状況に依存しない課題になってくるからです。その業界共通の課題かもしれません。

また、高いレベルの課題を知ることで、そこから生まれる別の課題も見えてきます。

第2章　売れる新製品企画の秘訣

1　先端テクノロジーを戦略と企画に活かすコツ

平成の30年間でのテクノロジーの進歩が著しかったことは第1章で述べたとおりです。その進歩は「第四次産業革命」と呼ばれ、世界中で国レベルでのビジネスにつなげるための施策を講じています。

日本でも「コネクテッド　インダストリーズ　東京イニシアティブ２０１７」を」発表し（２０１７年10月2日）、経済産業省を中心として振興策を行っています。

日本の「コネクテッド　インダストリーズ」では、５つの技術を重点分野としていますが、実際にはもっと多くの技術分野が、活用できるようになってきました（図表8）。

これらの技術はビジネス視点では、２つの側面から捉えることができます。

①コストダウン：自社の作業・プロセスの効率化に利用する。
②製品企画：提供する製品に取り入れて、製品価値を高める。

本章では、２つ目の側面として、自社の製品の価値向上につなげるコツについて述べます。

■中小企業に有利な先端テクノロジーの急速な発展

多くの先端テクノロジーはその発展と共に、市場が急速に拡大し、それにより使用するコストは

【図表８　さまざまな先端テクノロジーの分野】

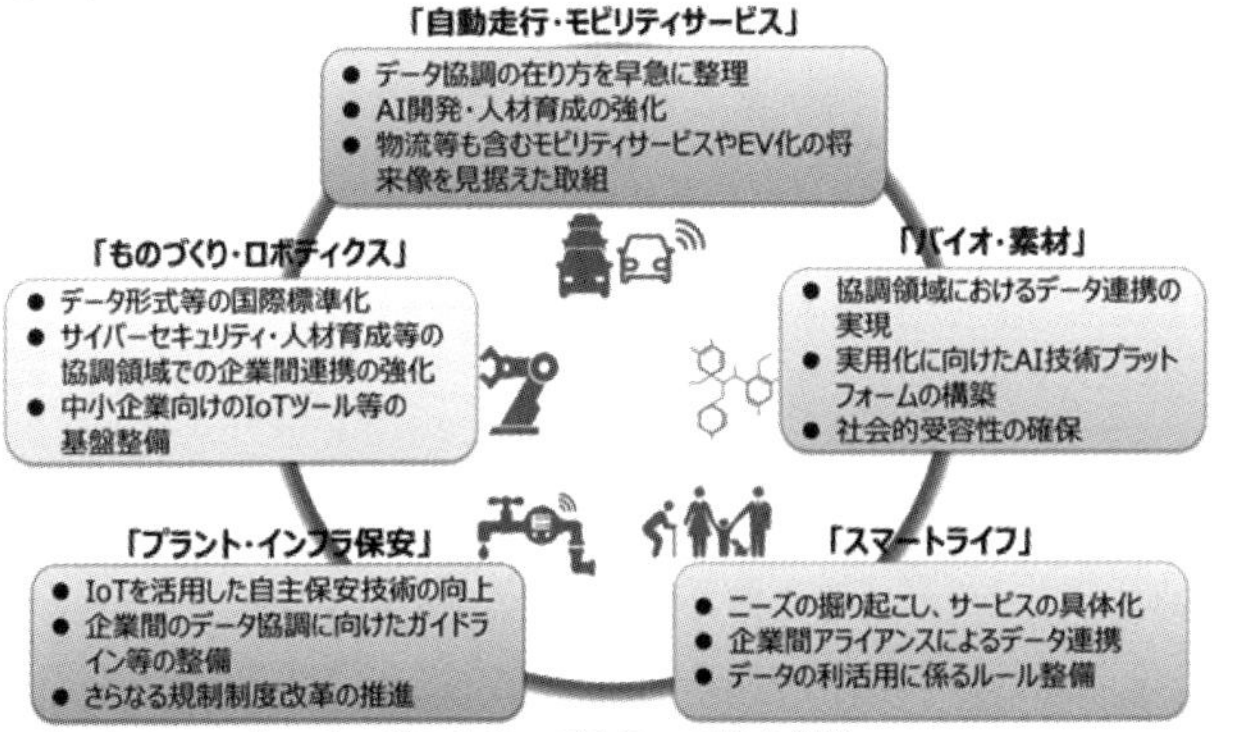
「自動走行・モビリティサービス」
● データ協調の在り方を早急に整理
● AI開発・人材育成の強化
● 物流等も含むモビリティサービスやEV化の将来像を見据えた取組
「バイオ・素材」
● 協調領域におけるデータ連携の実現
● 実用化に向けたAI技術プラットフォームの構築
● 社会的受容性の確保
「スマートライフ」
● ニーズの掘り起こし、サービスの具体化
● 企業間アライアンスによるデータ連携
● データの利活用に係るルール整備
「プラント・インフラ保安」
● IoTを活用した自主保安技術の向上
● 企業間のデータ協調に向けたガイドライン等の整備
● さらなる規制制度改革の推進
「ものづくり・ロボティクス」
● データ形式等の国際標準化
● サイバーセキュリティ・人材育成等の協調領域での企業間連携の強化
● 中小企業向けのIoTツール等の基盤整備

「コネクテッド　インダストリーズ」5つの重点分野

(経済産業省 "「Connected Industries」東京イニシアティブ2017"より)

- 人工知能(AI)
- インターネット・オブ・シングス(IoT)
- エネルギー
- 仮想現実(VR)/各超現実(VR)
- ブロックチェーン
- サイバーセキュリティ
- ３Dプリント
- バイオテクノロジー、バイオマニュファクチャリング
- 先端材料、先進的分析手法

急激に下がってきています。

　ＩｏＴのユーザー支出額は現在年間15％の勢いで拡大し、ＡＲ／ＶＲの関連市場では、２０１６年からの５年で約15倍に拡大する予想です（「マーケットレポート　ＶＲ／ＡＲ（産業ソリューション）」ＪＥＴＲＯ ２０１７年10月より）。

　ＡＷＳやＧｏｏｇｌｅ Ｃｌｏｕｄなどのクラウドサービスでは、月額数万円からＡＩ・機械学習などを利用することができるところまでコストが低下してきています。この急速な市場拡大と利用コストの減少は、中小企業にとって、非常に有利な状況をつくり出しています。

　急速な市場拡大は、そのテクノロジ

ーの採用に「早い判断と行動」により、市場にいち早く参入した企業が大きな利益を得ることを意味します。中小企業の小さい組織であるがゆえの素早い決断と行動の開始が、有利に働きます。

利用コストの減少は、資金が潤沢とは言えない中小企業でも、少ないリスクで利用できる状況をつくり出し、市場への参入障壁を大きく下げることになります。

この状況を上手く製品開発につなげてビジネスを拡大したのが、「ＢａｋｅｒｙＳｃａｎ（ベーカリースキャン）」の株式会社ブレインです。「ＢａｋｅｒｙＳｃａｎ」は、パン屋さんのレジでパンの種類を形状や色から自動認識し、従業員がパンの種類と価格を覚える必要がなく、１秒で認識して合計金額を算出するシステムです。

「ＢａｋｅｒｙＳｃａｎ」の使用により、レジ待ちの列が解消し、レジごとに2～3名必要だった担当者が1人でも対応可能になったり、レジ自身の台数も減らせることができたりなど、パン屋さんの課題を革新的に解決しました。その認識の精度はほぼ１００％だそうです（図表9）。

パンは同じ種類でも微妙に形状や色が異なる「似て非なる」ものです。この認識は単なるパターン認識では不可能です。また、パンは包装なしのほうが、売れ行きがよいそうでバーコードなどを付けることができず、どうしても人間の判断に頼っていました。

この「ＢａｋｅｒｙＳｃａｎ」は、ＡＩ・機械学習の技術を使用することで、パン屋さんの課題を解決しました。「推論」による認識に加えて、間違いを「学習」させていくことにより、認識の精度を高めています。

【図表９　AIを活用したパンの自動認識レジシステム
“Bakery　Scan”】

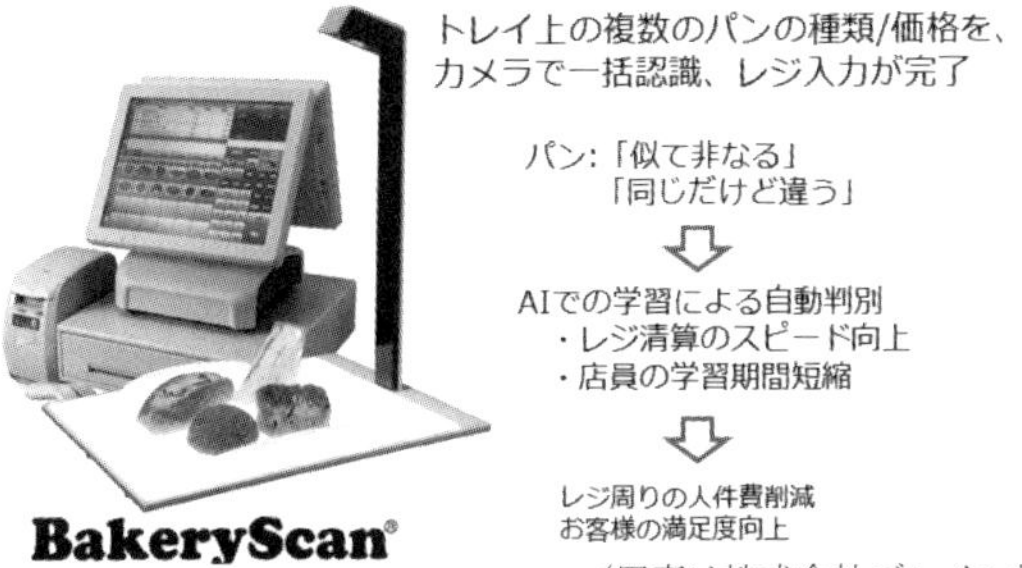
BakeryScan®
トレイ上の複数のパンの種類/価格を、
カメラで一括認識、レジ入力が完了
パン:「似て非なる」
「同じだけど違う」
AIでの学習による自動判別
・レジ清算のスピード向上
・店員の学習期間短縮
レジ周りの人件費削減
お客様の満足度向上

（写真は株式会社ブレイン様より提供）

この「ＢａｋｅｒｙＳｃａｎ」は、その導入コスト＝販売価格は、約１００万円です(約１００万円のレジ本体も別途必要)。つまり、１００万円で販売できるコストで、ＡＩという先端テクノロジーを利用し、製品に組み込んでいるのです。もちろん開発には苦労があったそうで、間違いの判定に人間が介在することで、逆に認識の精度を高めるようにするなどの工夫をされたそうです。

開発した株式会社ブレインは、技術者中心で社員20名ほどの中小企業ですが、開発は２００８年からで、ＡＩを顧客の「課題解決の手段」として活用した事例としてはかなり早い時期です。小さいからこその決断の速さも成功の大きな要因と言えます。

■「使えない」という意識を捨て、広い視点を持つ

中小企業は先端テクノロジーを製品の企画に活かすのに有利ですが、もちろん課題もあり、その課題を解決しなければなりません。

課題の第一は、「先端テクノロジーに対する保守的な考え方」です。経営者・企業として「ＡＩなどは自分たちには無関係」とか、「未だ使える段階ではない」という意識でいることです。今まで

のビジネスの成功から、「新しい技術を使わなくても大丈夫、何か変える必要性を感じない」といった意識が残っていると、そもそもチャレンジすることができません。

この課題を克服するためには、「今までよりも幅広い視点を持つこと」が求められます。視点は自社の方向と外部への方向と2方向です。

「自社への視点」とは、自社のビジネスを今一度外部から見て（あるいは見てもらい）、自社の状況・強みと顧客の要求・課題を把握しておくことです。自社の発展につながる多くの機会を取り逃がさないようになります。「ＢａｋｅｒｙＳｃａｎ」の例では、パン屋さんの困り事、相談を自社の製品で解決することの決断が即座にできたことを示しています。

「外部への視点」は先端テクノロジーの状況を把握しておくことです。多くのテクノロジーに対してどれが活用可能かは最初はわからないので、すべてのテクノロジーについて詳細に調査、把握しておくことは難しいですが、それぞれのテクノロジーが、どんな状況か、どんなことに使われているかの概要を浅くとも広く、「感じて」いることはできるはずです。

また、自社のビジネスから使えそうな、関係しそうな分野を特によく把握しておくようにすることはできます。株式会社ブレインでは、もともとが画像解析関連のビジネスをしていたため、ＡＩによる画像認識に興味と一定の予備知識があったことも重要な要素でしょう。

自社への視点と外部への視点を積極的に持っておくことにより、何かをきっかけに出てくるアイデアを即座に試したり実行したりできるようになります。

■小さく素早く始めて改善改良していく

２つ目の課題は「開発リスク」です。活用するコストが下がってきたとはいえ、開発にはやはりリスクが伴います。初めて使うテクノロジーであればいくつもの壁にあたり、何度もやり直しを余儀なくされることを想定しなければなりません。それでもまず始めることが大事で、始めることにより、活用する技術への理解とその技術と顧客の課題解決への適用の仕方がわかってきます。

開発の進め方としてまずは小さくプロトタイプとして始め、顧客からのフィードバックを取り入れ、改良を重ねていく方法を前提とします。ＰＤＣＡを早く何度も繰り返すわけです。

ソフトバンクの創業者、孫正義氏はこのＰＤＣＡを超高速で回すことで有名で、この手法は起業したソフトバンクを超大手企業にすることに貢献しました。ソフトバンクは大きくなった今でも孫正義氏の元、超高速のＰＤＣＡを基本にした判断と行動をとっているのですが、規模の小さい中小企業こそ、このＰＤＣＡをより早く回すことができるはずです。ＰＤＣＡを早く回すことで、上手くいかないところを早く見つけ出して修正でき、テクノロジーへの理解が加速します。

初めから１００％を狙わず、まずできる範囲で始め、顧客要求とのずれの修正と、テクノロジーの習得の進みに合わせて、改善改良を何度も行っていくなどの方針をとるべきです。

■自社の人材の教育と外部リソースの利用

３つ目の課題「人材」は中小企業にとっては最も深刻です。優秀な人材は、同じく必要としている大手企業にどうしても流れてしまいます。また、分野の幅が広く可能性のある多くのテクノロジーについて精通するのはもちろん、トレンドを追うだけでも、リソースの少ない中小企業にとっては大きな負担であり、困難を伴います。

【図表10　東京都中小企業公社の導入支援事業】

（東京都中小企業振興公社のHPより）

したがって、原則として特定技術については、外部のリソースを利用するべきでしょう。テクノロジー自身の習得、特に最初の導入部分に時間と労力を掛けるのではなく、素早く立ち上げる、という意識が必要です。そのための外部との関係づくりも経営者としての役目です。

現在、国としても先端技術の活用を推進しようとしていて、特に中小企業が活用するための環境を整えています。例として、東京都振興公社では、「生産性向上のためのＩｏＴ、ＡＩの導入支援事業」を実施し、導入への相談や専門家の派遣を行ってたり、研究会・セミナーなどで知識の習得の場を提供したりしています（図表10）。

それでも自社の人材に対して何もしないわけにはいきません。社内人材に対しては、多くのテクノロジーに触れる機会を積極的につくり、変化を追求し、チャレンジをいとわない意識の熟成に留意すべきです。それにより、特定のテクノロジーが必要になったときに、素早く活用できる状態になります。

先端テクノロジーは、「使う」ことが目的だった段階を過ぎ、課題解決の「1

つの手段」として、利用できる段階に急速に移行してきています。そのことを念頭に顧客の課題解決のための手段を新たに探すというスタンスに立ち、素早い判断と行動、小さく初めて改良を繰り返す進め方で、製品の企画・開発に活かしてください。

2　社会性の軸：ＳＤＧｓから新規事業・新製品を企画する手法

第1章で述べたように、平成の時代に企業に対しての社会的責任・社会貢献に対する意識は急速に高まり、「社会・環境のため、多少高くてもよい」という消費者も増えてきました。

企業としては、社会貢献（ＣＳＲ：Ｃｏｒｐｏｒａｔｅ　Ｓｏｅｃｉａｌ　Ｒｅｓｐｏｎｓｉｂｉｌｉｔｙ）することでの、イメージアップを通して、最終的には、販売促進につなげるという目的があります。ＣＳＲには、大企業が行うものというイメージがあるかもしれませんが、中小企業でも今後取り組まなければならない課題であるだけでなく、積極的に取り入れることでイメージアップや、効果的な新規事業の創出、新製品の企画にも使えるようになってきました。

■ＳＤＧｓは、新規事業の創出、新製品企画のアイデアの宝庫

ＳＤＧｓ（図表11）には、実は新規事業・新製品を企画する上での多くのヒントが隠されています。企業が提供する製品・サービスは「顧客の『困り事』の解決」と第1章でお話しました。

SDGsは、地球レベルでの、「全人類の困り事」を国連という場で国際的な共通認識としてまとめられました。したがって、この「困り事」を紐解いていくことで、新たな製品や機能を考え出すことができるわけです（図表12）。

人類共通の「困り事」ですから、対象となり得る顧客、分野は非常に広い範囲となり、きれいに整理されています。これは利用しない手はありません。この項では、「そのヒントをどのように使って、新規事業・新製品を企画するか」について述べたいと思います。

【図表11　SDGs17の目標のロゴ】

（国連広報センターHPより）

■コーズマーケティングとの違い

社会貢献のキーワードとしては、「コーズマーケティング」もあります。コーズマーケティングとは、企業が特定の製品やサービスと結び付けて、その収益（あるいは売上）の一定割合を「企業側の負担で」社会貢献活動に寄付する活動です。よく知られた活動としては、次のようなものがあります。

●ソフトバンクの「チャリティーモバイル」：対象機種の契約で利用料金の一定割合をソフトバンクの負担で、指定した非営利団体に寄付

●アサヒビールの「うまいを！明日へ プロジェクト」：対象製品の購入により、１本当たりの定額を地域の自然や環境、重要文化財などの 保護・保全活動に寄付

【図表12　SDGsは世界共通の困り事】

いずれも、提供する製品・サービス自身は既にあり、それらに「寄付」を結び付けています。コーズマーケティングは、あくまでも既存の製品・サービスを寄付・社会貢献に結びつけることにより、企業イメージのアップにつなげる活動です。コーズマーケティング自身は、企業が提供する製品・サービス自身を新たに生み出すものではありません。

■ＳＤＧコンパスでは新製品は生み出せない

企業がＳＤＧｓにどのように貢献するかの手順として、実は「ＳＤＧコンパス」が示されています（図表13）。５つのステップで進めることにより、最大限の貢献ができるようになる、としています。

しかし、例えばステップ２の「優先課題を決定する」とあっても、具体的にどうすれば、どんなことを決めればよいのかが、なかなかわかりません。

この節では、中小企業がＳＤＧｓのゴールを出発点として、新規事業や新製品の候補を見つけていく具体的な手順を示します。

【図表13　SDGコンパスが示す指針】

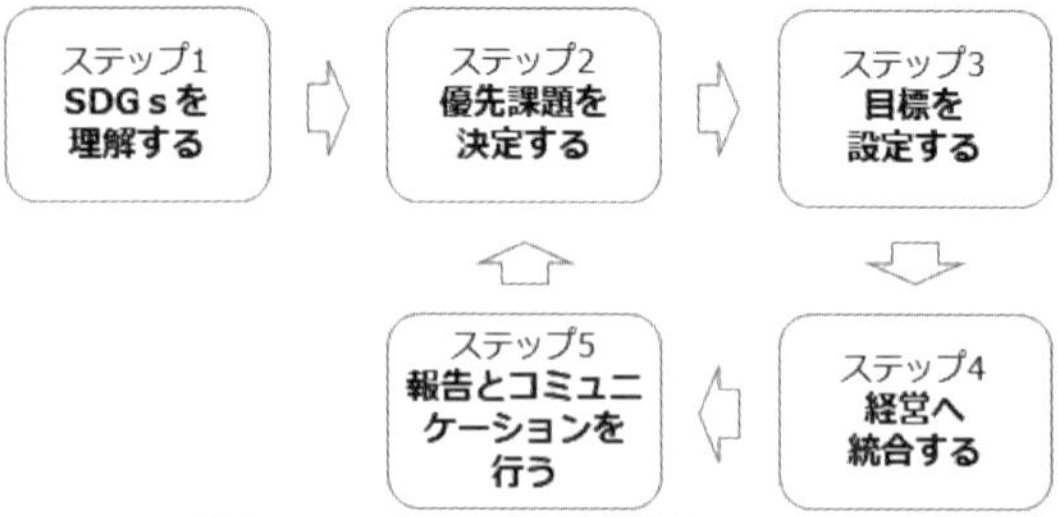

（「SDGs　Compass」GRI、国連グローバル・コンパクト、wdcsdより）

■手順1：ゴールを選ぶ

最初の手順は、17のゴールの中から、1つ、あるいは複数のゴールを選びます。

選択する基準は、自社の事業に近い、自社の製品を使う顧客の事業に近いゴールが基本となります。

例えば、環境に関係する製品を扱っているのであれば、「7：エネルギーをみんなにそしてクリーンに」や、「13：気候変動に具体的な対策を」、「14：海の豊かさを守ろう」、「15：陸の豊かさも守ろう」を選んでもよいでしょう。

人材関係の事業をしているのであれば、「4：質の高い教育をみんなに」だけでなく、「5：ジェンダー平等を実現しよう」も選びます。

企業の経営理念で「○○の分野で社会に貢献する」とあれば、その○○の部分が近いゴールを選べます。

ここで重要なのは、あまり厳密に考える必要はないということです。後の手順を進めていくとわかりますが、17のゴールそれぞれから、幅広い事業や新製品の可能性が出てきます。異なるゴー

【図表14　SDGsのターゲットの例】

6.1	2030年までに、すべての人々の、安全で安価な飲料水の普遍的かつ平等なアクセスを達成する。
6.2	2030年までに、すべての人々の、適切かつ平等な下水施設・衛生施設へのアクセスを達成し、野外での排泄を無くす。女性及び女子、並びに脆弱な立場にある人々のニーズに特に注意を払う。
6.3	2030 年までに、汚染の減少、投棄廃絶と有害な化学物質や物質の放出の最小化、未処理の排水の割合半減及び再生利用と安全な再利用の世界的規模での大幅な増加させることにより、水質を改善する。
6.4	2030 年までに、汚染の減少、投棄廃絶と有害な化学物質や物質の放出の最小化、未処理の排水の割合半減及び再生利用と安全な再利用の世界的規模での大幅な増加させることにより、水質を改善する。
6.5	2030 年までに、国境を越えた適切な協力を含む、あらゆるレベルでの統合水資源管理を実施する。
6.6	2020 年までに、山地、森林、湿地、河川、帯水層、湖沼などの水に関連する生態系の保護・回復を行う。
6.a	2030 年までに、集水、海水淡水化、水の効率的利用、排水処理、リサイクル・再利用技術など、開発途上国における水と衛生分野での活動や計画を対象とした国際協力と能力構築支援を拡大する。
6.b	水と衛生に関わる分野の管理向上への地域コミュニティの参加を支援・強化する。

（「SDGs外務省仮訳」より）

ルから始めても、最終的に自社の事業領域につなげることができます。

一度ゴールを選んで手順を進めていっても、なかなか新製品にたどり着かなかった場合は、別のゴールを選び直して、再度手順を実行することで新製品のアイディアを出すことが可能です。

■手順２：ゴールのターゲットを選ぶ

手順1で選び出したゴールは、それぞれが非常に広い課題・困り事でそこからどう具体化していくかが難しいです。そこで利用できるのが「ターゲット」です（図表14）。

ターゲットは、ＳＤＧｓの17のゴールそれぞれをより具体化・細分化したり、実現手段を示したりしたもので、全部で１６９個示されています。１つのゴールに対してほぼ10個のターゲットになります。

ちなみに、「６・１」のように数字だけで示されているターゲットは、ゴールの中身を具体化したり、細分化したりしたもので、「６・ａ」のようにアルファベットがついたターゲットは、実現方法・手段を示しています。

手順２では、手順1で選択したゴールのターゲットの中から、より

【図表15　環境／水質に関するSDGsターゲットの例】

6.3	2030年までに、汚染の減少、投棄廃絶と有害な化学物質や物質の放出の最小化、未処理の排水の割合半減及び再生利用と安全な再利用の世界的規模での大幅な増加させることにより、水質を改善する。
6.4	2030年までに、汚染の減少、投棄廃絶と有害な化学物質や物質の放出の最小化、未処理の排水の割合半減及び再生利用と安全な再利用の世界的規模での大幅な増加させることにより、水質を改善する。
6.6	2020年までに、山地、森林、湿地、河川、帯水層、湖沼などの水に関連する生態系の保護・回復を行う。
15.1	2020年までに、国際協定の下での義務に則って、森林、湿地、山地及び乾燥地をは じめとする陸域生態系と内陸淡水生態系及びそれらのサービスの保全、回復及び持 続可能な利用を確保する。
15.2	2020年までに、あらゆる種類の森林の持続可能な経営の実施を促進し、森林減少を阻止し、劣化した森林を回復し、世界全体で新規植林及び再植林を大幅に増加させる。

（「SDGs外務省仮訳」より）

自社の事業に近い、あるいは関心のあるターゲットを抽出します。複数のゴールを選択していれば、複数のゴールのターゲットの中から選びます。

ゴールとして環境をキーワードに、6・15を選択したとします。環境の中でももう少し絞り込んで「水質」に注目したとします。すると、6・15のターゲットの中から、水質に関連する5つのターゲットを選び出せます（図表15）。

ターゲットの選択も余り厳密に考える必要はなく、文章の中にキーワードが入っている場合はもちろんですが、関連してそうであれば選択します。図表15の例でも、「水質」が含まれているのは6・3のみですが、他のターゲットも6・aも排水処理・リサイクルなどから関連すると想定でき、15・1や15・2も森林の保全や回復ということから、水質の保全との関連を考えることができます。

■手順3：ターゲットを「実現手段」でブレークダウンする

次は手順2で選択したターゲットを、「実現手段」の視点でブレークダウンします。

具体的にはターゲットの中に記載されている方法や対象を分けるという

作業になります。ターゲット６・３であれば、その文面から「汚染の減少」、「投機廃絶」、「有害な化学物や物質の放出の最小化」などに分けることができます（図表16）。

ターゲット６・ａは実現手段として複数リストされていますから、「集水」、「海水淡水化」、「水の効率的利用」などにそれぞれブレークダウンできます。

この作業を選択したすべてのターゲットに対して行います。結果として、最初に選択したゴールの実現手段を１つひとつに分離したことになります。

■手順４：更に「実現手段」でブレークダウン、「必要な要素」を抽出し、細分化する

次はより分けた実現手段に対して、更にその実現手段を考えていきます。ここからは、ＳＤＧｓには直接書かれていないので、情報収集とアイデアが必要です。

例えば、「投機の廃絶」には次のような実現手段が考えられます。

●監視を強化する
●投機量を減らす
●監視の目を増やす
　更に「監視を強化する」手段として、次のアイデアが出てきます。
●広範囲を監視する
●監視頻度を増やす

【図表16　SDGsゴールからの新規事業の抽出手順】

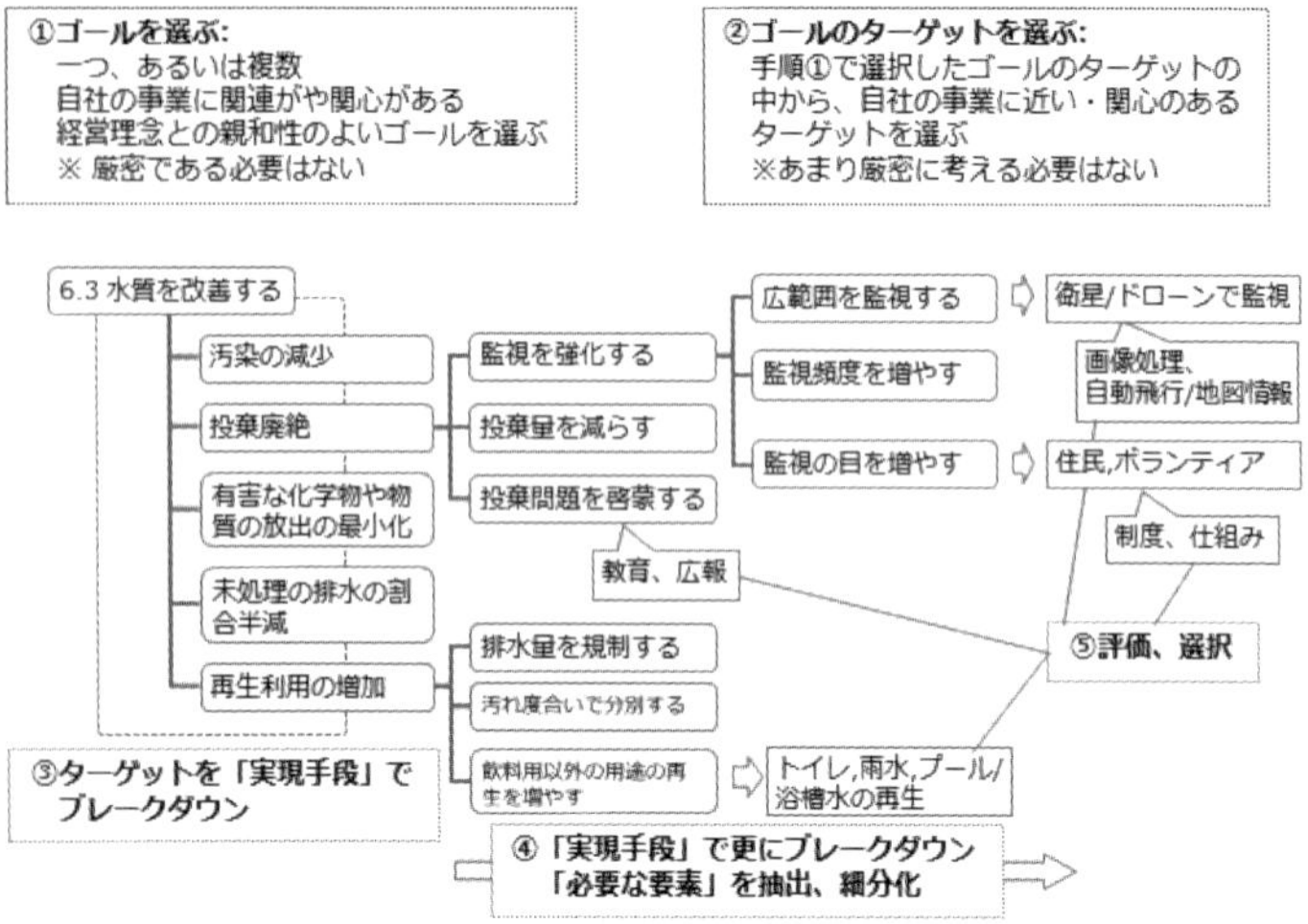

●監視の目を増やす

一度に広範囲を監視することで、監視の強化につながります。広範囲で監視する手段として「衛星やドローン」が挙げられます。もちろん、航空機、バルーンなどもあるでしょう。

次に「衛星やドローン」での監視で必要な要素を考えます。投棄を判別するために何らかの「画像処理」は必須でしょう。撮影画像と照合するための「地図情報」や、ドローンの「自動飛行」の技術についても同じです。

この「必要な要素」の提供が、「製品やサービス」の提供になります。

実際に事業や製品として企画を考える場合には、「必要な要素」をもう少し細分化しなければなりません。

「画像処理」であれば、次の区分けが可能です。

●何を抽出するか：プラスチック、有機有害物

質など

●どれくらいの範囲か：海洋、湾、川・湖

別の「必要な手段：飲料用以外の用途の再生を増やす」では、再生する水の出所として、

●家庭排水、トイレ排水、雨水、プール、浴槽

●工場・事業所（冷却水、洗浄水）

などに細分化可能で、この細分化を、いくつか目をつけた「必要な要素」で行います。

ここまで来ると、最初の「ゴール」と比較して、かなり事業や製品としてのイメージが狭まってきた感覚があると思います。細分化した「必要な要素」は、「新規事業や新製品」の候補です。

■手順５：細分化した「要素」について評価し、選択する

細分化を行った「要素」は、視点を変えると市場とみなせます。したがって、その市場へ自社が参入するのが適切かを評価する必要があります。

評価は、次のような視点で行います。

●自社：強み、弱みなどとの関係

●市場環境：市場規模、今後の成長予測、競合状況、サプライヤチェーンなど

●技術上の課題・実現の可能性など

この分析・評価自身のやり方は別の章・節に譲りますが、複数の「要素」について実施して、一

番自社にとって有利と思われる「要素」を新規事業の有力候補として選択します。

■幅広い事業・製品の候補を探し出すことが可能

図16で、別の手段の流れからは、「住民、ボランティア」の制度・仕組みや、「投棄問題の啓蒙」の教育、広報なども出てきます。これらは直接的に「水質の改善」に結びつきにくい内容ですが、「実現手段」としてブレークダウンした結果として、「必要な要素＝困り事の解決手段」として浮かびあげることができました。

このように、手順①や②で、出発点であるゴールやターゲットを最初から厳密に絞り込まなくても、自社で提供できる、提供を検討する事業や製品の候補を、幅広い範囲から導き出すことができるのです。

前出のイズミですが、創業した事業は実は水処理事業です。泉社長がこの事業を始めようと決断したのは、１９８５年で、まだ昭和でした。ある日東京の御茶ノ水駅のホームで電車を待っていると、目の前の神田川からかなりの悪臭が立ち上って来たそうです。川を見るとかなりの汚れで、すぐに悪臭源だとわかります。このとき、泉社長は、「こんな状況ではいけない、何とかきれいな川を取り戻さなければ」と強く思ったそうです。

そこで、浄化（ろ過）の技術を調べると同時に、対象になりそうな水の場所を探し始めます。市場調査です。学校のプールは既に大手が抑えている状況の中、大企業の保養所のプール・浴場にたどり着き、苦労して開発した循環ろ過装置を大企業に売り込んでいったのです。

当時はもちろんＳＤＧｓなどありませんでしたが、「水質の改善」という困り事に気がつき、その解決手段として、「水の再生利用」から「飲料以外の用途の再生」とブレークダウンして、新規事業を立ち上げたことになります。泉社長の熱意と目の付け方、そして努力には敬服するばかりです。

令和の時代になり、環境を含めた社会的問題の解決要求は、今まで以上に高まっていくはずです。解決すべき「困り事」がまとめられ、整理されているＳＤＧｓを上手く、新規事業の開拓、新製品の開発に活かしてください。

3　潜在ニーズの効果的で確実な掴み方

製品企画の段階では「潜在ニーズの把握」は必ず出てくる言葉です。顧客が明確に認識している・要求している顕在ニーズに応える製品ももちろん売上拡大になりますが、逆に周りや競合も把握している可能性が高く、限界があります。

潜在ニーズは顧客自身、気がついていない・言葉にできていないニーズですから、「潜在ニーズは何ですか？」と聞いても答えてくれません。

では、「潜在ニーズを把握しろ」と言われて具体的にどのようにすればよいのでしょうか？

■顕在ニーズは潜在ニーズの源泉

潜在ニーズは顧客自身が言葉にできないニーズで、顕在ニーズの源泉です。潜在ニーズがあってこそ顕在ニーズがあります。そのため潜在ニーズを掴むためにはまず顕在ニーズを正しく掴むことが不可欠です。

実は入り口である顕在ニーズを把握できていない、あるいは上手く整理できていないまま「潜在ニーズがわからない」と嘆いている企画の担当者は多いです。

大手企業であれば、専任の企画担当者がいたり、専門の調査会社に委託したりすることも可能でしょうが、リソースの少ない中小企業ではなかなかその手段はとれません。

中小企業が、潜在ニーズを把握するには

①顕在ニーズを集める
②集めたニーズを顕在化する
③なぜを考える

の3つのステップが効果的で確実です。

■①顕在ニーズを集める

顕在ニーズ＝顧客の声を集める手段はたくさんありますが、それを普段の活動の中で行うことが重要です。業務の1つとして明確に定義します。

●既存顧客に聞く
●断り案件を集める
●質問・クレーム・不具合記録から拾い出す
●特注案件を集める

第一の手段は当たり前ですが、「顧客に聞く」です。営業担当やサポート担当など顧客に接する際に何度も聞くことです。

「何か困っていることはないですか」、「何か新しい要求はないですか」などの質問を投げかけます。組織体制の問題でもあるのですが、営業・サポート担当者も「潜在ニーズを把握して、新製品の企画に貢献する」という役割・責任を担っていることを明確に認識すべきです。

人員が少なく専任の企画担当者がいない中小企業では顧客と接する全員が企画に参画するという意識が求められます。

何度も聞くのは、気が引けるところがあるかもしれませんが、顧客の考えも日々変わりますから、何度も何度も繰り返し聞くことで、ある時ふと浮かんだニーズを話してくれるかもしれません。

営業担当などが、顧客から「こんなことができないか」、「こんなものは作れませんか」と聞かれることは多いと思いますが、自社の製品やサービスになければ、「それは今できません」とか「難しいです」と答えてしまう場合もあります。もちろん、持ち帰って報告し、検討の土壌に上げることができればよいのですが、そのままになってしまうこともあり、その場合はせっかくの顧客の声が活かせないことになってしまいます。

その時点で提供できなくても、会社にとっては貴重な情報であり、財産です。したがって顧客と接する担当者（特にその機会が多い営業担当者）は、役割として「新製品のネタを探す」も重要であることを自覚しなければなりません。

訪問報告書の中に「顧客からの声」の項目を別に設けて、書きやすく、拾い出しやすくしておく工夫も必要です。大事なのは、口頭での報告ではなく、「記録」として残しておくことです。記録になっていることで時間が経っても情報の内容が変わることなく正確に拾い出すことができます。

クレームや不具合記録も重要な顧客のニーズの表れです。顧客がやりたかったこと・欲しかったことに対して、現在提供している製品の機能・性能が不足していることの裏返しだからです。
●「○○モードのときに、入力の数字をすべて見たいができないか？」
●「○○の回数を１０００回以上カウントするにはどうしたらよいか？」
などの機能などへの質問やクレームも顧客がやりたいことを示していて、それが実現できないか、少なくともわかりにくいことを示している、との認識に立てば、ニーズであるとわかります。

また、不具合として報告された中にも、よくよく原因を調べてみると、製品としては問題がなく、顧客の使い方の問題だったり、勘違いだったりということもよくあります。

このようなケースは、「問題なし」として忘れ去られてしまうことがほとんどですが、実は「顧客がやりたかったことを示していて、製品がそれに対応できていなかった」と見ることも可能で、顧客のニーズともいえるのです。製品自身に問題がないとされた不具合の記録からも重要な顕在ニーズを拾い出すことができるわけです。

特注案件は顧客の特定の製品開発要求ですから、まさに顕在ニーズで一緒に製品企画の際のニーズとして扱うべきです（特注案件については、次の節でもう少し詳しく解説します）。

営業などの顧客訪問の記録や不具合・クレーム記録は、通常別々の記録として管理されていると思いますが、顧客のニーズという点では、同じ情報が含まれています。中小企業では、営業とサポート・メンテナンスなどの担当者が比較的近くにいるでしょうから、集めるのは難しくはないはずです。それぞれの記録は「新製品への重要な情報源」であるとの認識を持つことが重要です。

■②集めた顕在ニーズを分類する

顕在ニーズが集まってきたら、次にそれらを分類します。分類というと大げさかもしれませんが、似た種類・項目にまとめることになります。

この分類の際によく使うのがポストイットです。やり方は、ポストイットに一件一葉で集めた顕在ニーズを書いていきます。その際、なるべく短い文章で表現することと、ニーズの出所を一緒に記載します。出所を記載するのは後でニーズの詳細を確認するためです。

ポストイットに書き出したら、次は似た者同士を集めて分類します。機能・性能に関するニーズ、新再生に関するニーズ、使い勝手に関するニーズなど、さまざまな視点になると思いますが、「入力数を増やしてほしい」と「入力数が不足」など、単に言い方・言い回しが違う場合もあります。近い機能についてのニーズの場合や、要求する数値・レベルが違っている場合なども、似た者同士としてまとめていきます。

最後は、まとめたそれぞれのまとまりについて、何についてのニーズかを書きます。「信頼性」「使い勝手」などが付けられるでしょう。すべてのニーズについて似た者同士をまとめ、そのまとまりに名前づけができたら分類の完了です。

■③なぜを考える

次はいよいよ潜在ニーズを導き出す段階です。

分類したそれぞれのまとまりについて、ポストイットに書かれた内容を眺めながら、「なぜその内容が顧客から出てきたのか」を考えます。顧客から出てきたのは最終的な言葉でしかありません。その「顕在ニーズ」が出てきた理由＝潜在ニーズがあるはずです。

なぜを考えるときのポイントは

- なぜその顕在ニーズは必要なのか
- その顕在ニーズを解決する目的は何か

です。

顧客から見たそのニーズの必要性・目的を「なぜ」を繰り返すことで「真のニーズ＝潜在ニーズ」

を見つけ出すことができます。

■そのニーズは他の顧客でも同じか

こうした手順で、顧客の声＝顕在ニーズから、潜在ニーズを見つけ出すことは、そのニーズがある特定の顧客だけのものなのか、他の顧客にとっても同じなのか、一般的なのかを見極めることにも役立ちます。

中小企業では何かと、ある特定の顧客、担当者の声を受けて製品開発が始まってしまい、いざ販売の段階で他に誰も買ってくれない、ということが頻発しています。そうなってしまう問題点はいくつもあるのですが、防止するための1つの手段が「潜在ニーズ」を把握するここまでのステップです。この過程で、そのニーズが一般的なのか、その顧客特定の理由なのかを必ず考えることになるからです。

特定の顧客の声から出てきた製品の企画では、他の複数の（見込み）顧客に対して同様の潜在ニーズがあるか、その製品が困り事の解決につながるのかを、確認するようにしてください。ここに関しては、特注の標準化にも関連しているので、次の節で詳しく述べます。

潜在ニーズの把握は、新製品の企画の糸口としてとても重要です。この結果とその過程を記録しておくことで、その後の新製品企画にとても役に立ちます。手戻りのない効果的なこのステップで、持っている情報を活用し、確実に「潜在ニーズ」を把握してください。

4　製品展開を効果的に広げるコツ

■1つの開発技術を使いまわして製品展開させる

大手の代表である自動車メーカーですら、プラットフォームを共通化して開発を効率化しています。リソースの少ない中小企業は、製品の開発をより効率的に行わなければなりません。

中小企業では大手以上に、1つの開発技術を「使い回して」製品を展開していくことが必須ですが、製品の開発を毎回ゼロから始めていては、工数・期間の割に製品の数が増えていきません。

そのための効果的な1つの手段が、「特注案件の標準品化」です。特注品は特定の顧客からの明確なニーズで、中小企業にとっては、「開発を行うきっかけ」になります。受託するかどうかの判断基準に「標準品化が可能か」、「他の顧客に販売できる可能性がないか」があり、標準品として販売できる新しい技術要素を開発する機会と捉えています。

ある計測装置を開発販売していた中小企業A社は業界内での知名度から、企業や大学、研究機関から時々特注の案件を数多く受注していました。当然その中には既存の技術では対応できない案件もあり、技術者は苦労して新しい技術を開発、習得して対応していました。

ところがA社では、特注で得た技術を活かして標準品を開発することはほとんどありませんでした。お話を伺っていくと、どうも社長自身が、「特注は特殊案件で個別の要求。標準品は特注案件には影響されることなく展開していく」という意思をお持ちだったようです。独自の意思と方向を持つことはとても大事なのですが、結果として標準品の開発の機会がどんどん減ってしまいました。

技術の再利用やプラットフォーム化は、大手企業では事業戦略や製品企画の中でシステマティックに行われますが、中小企業では、（もちろん規模や状況によりますが）社長の意思に依存する面はとても大きいです。社長自身が「技術の再利用や、保有しているものをいかに活かして、使い回して製品に仕上げていくか？」との観点を持つことが必須です。

別の中小企業Ｂ社では、社長がその意思を明確にお持ちで、特注の引合いがあった際には、「標準品にできるように検討すること」と明確に指示をされていました。また、最終的に受注するかどうかの判断基準の１つに「標準品化が可能か」を含めていました。

たしかにＨＰには、いくつかの製品系列とラインナップが並んでいて、顧客からは、「Ｂ社さんは、企業規模にしては製品のラインナップがとても豊富ですね」と言われるようになっています。実際に受注するかどうかはともかく、入り口を広くもち、見込み顧客の引込みに貢献しています。

■標準化を考えるポイント

では、特注案件を標準品にする場合のポイントを説明します。

１つは「技術的障壁の高さ」で、要求に対応できるかどうかです。技術者が検討することになるのですが、特注に応えていくことで、結果的に他社にはない、固有の技術＝強みを持つことにもつながりますから、今対応できないからと言って、安易に諦めないことが必要です。少しずつ特注に応えていくことで特化した強みを持つことになった中小企業は数多くあります。

2つ目は「要求が一般的な要求か」です。特注なのに「一般的か」というのは相反するようですが、問い合わせてきた顧客以外に、同様の要求が実は他社でもあるのではないかということです。これは前項の「潜在ニーズ」があるかにもつながります。問い合わせてきた顧客は、何かのきっかけで潜在ニーズが「顕在化」し、対応できる製品を探しても見つからず、解決してくれる可能性がありそうな会社を見つけて、打診をしてきたわけです。そのため、顧客と同じ業界・業種の企業では同じようにニーズがある可能性が高いのです。

したがって、類似企業についても同じニーズがありそうかを検討することや、何よりも今までの顧客訪問などの中で、近い要求がなかったかを改めて見返してみることが求められ、前項で把握した潜在ニーズがこのときにも活きてきます。

改めて拾い出した類似のニーズと特注案件の要求の元となる「なぜその要求となったか、その要求の理由は何か」を考えて比較することにより、その要求が打診元だけでなく、周辺企業も対象となりうるかを見出すことができます。

また、要求の内容によっては現行製品の拡張で取り込むことも検討すべきです。

潜在ニーズを把握しておき、特注の打診が来た際に他の顧客でも同様の可能性がないかどうか検討することは、製品ラインナップを増やし、展開を広げるために必要です。

【図表 17 「販売予測減」と「コストアップ」のスパイラル】

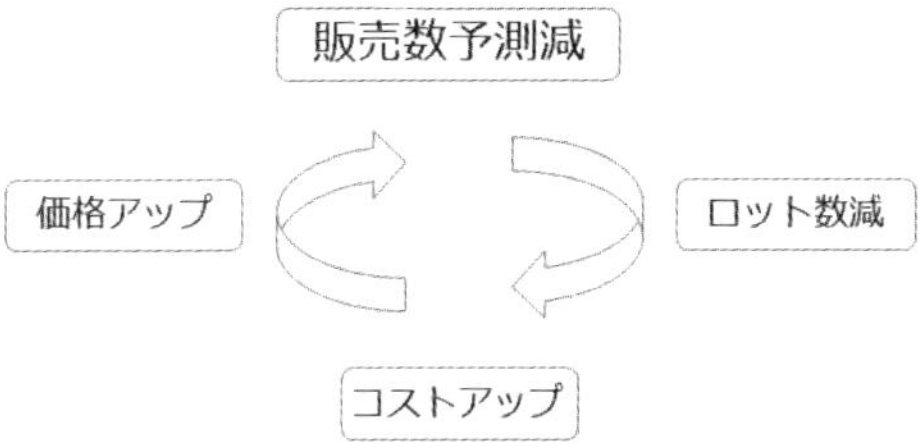

5　中小企業でもできる市場分析・販売予測の方法

■必要な情報を安価に取得することを考える

新製品の企画において、販売予測は利益に直結するもっとも重要な項目の1つですが、なかなか難しい予測です。既存製品とターゲットが違えば、実績からの推定が当然効きにくくなってきます。特に製造業では、販売予測は生産でのロット数を左右し、ロット数はコストに影響します。予測の販売数が少ないと、ロット数が小さくなり、コストが上がり、販売価格も上がって、更に販売予測が減っていくという、負のスパイラルに陥ることも多いはずです（図表17）。

販売予測は、見込み顧客をリストして積み上げていく、という方法も可能なのですが、どうしても、「まだ見ぬ顧客」のリストがないことが精度を上げるのを難しくしています。

市場分析や販売予測には、調査会社への委託・調査会社のレポートを参照などの手段もありますが、どちらもかなりの費用がかかります。調査を委託すると（内容にもよりますが）１００万円以上、調査レポート

【図表18　マクロ的視点からの自社製品の販売数推定】

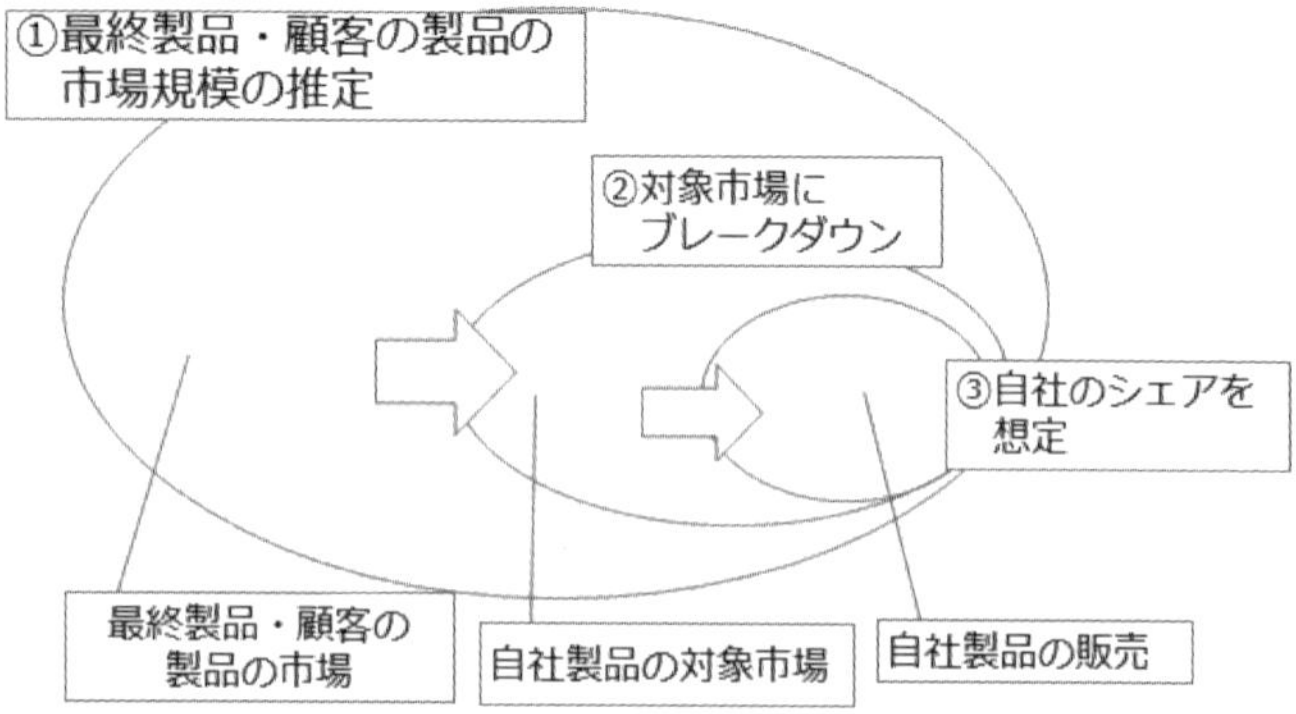

にしても数十万円はします。中小企業に大きい負担です。

充実した内容とは思うのですが、多様な情報の収集が格段にやりやすくなってきた時代ですから、工夫することにより、必要十分な情報を安価に取得できます。

ここでは、市場サイズからマクロ的なアプローチでの販売予測を行う方法を紹介します（図表18）。

■①最終製品・顧客の製品の市場規模を推定する

企画した新製品が、顧客の製品やサービスの一部として使用される場合には、販売はその顧客の製品の市場に大きく影響されます。顧客の製品の市場が大きく、且つ伸びているようであれば当然企画した製品の販売数も大きく伸びていくことが想定されます。

顧客製品の市場の規模、将来の予測を知るには、

●政府発行の白書
●政府各省庁からの市場調査レポート
●民間調査機関の調査レポート

が便利です。

政府が発行するこれらの白書や調査レポートは、実際には委託事業として民間調査機関が調査・まとめを行っており、広範囲からの情報を元に非常によくまとまっています。

白書ではある分野に対しての現状・実態や政府の施策について知ることができます。個別の調査レポートはある産業分野に特化して詳しく分析されていて、

●業界動向、トピック
●市場規模、推移・予測
●市場構造、競合状況

などが含まれていることが多いです。白書・調査レポートは、無料でＷｅｂからダウンロードできますし、印刷された冊子を安価に購入（政府刊行物センターより）することや、国立国会図書館での閲覧も可能です。

私が毎年参考にしている中小企業庁の「中小企業白書」は中小企業庁のＨＰからＰＤＦでダウンロード可能で、冊子版も３，０００円程度です。

例えば、海水淡水化設備に関連した機器や部品を検討している場合を考えます。まずは、大元となる海水淡水化設備の市場の分析、規模や推移・予測が必要です。

最初に「海水淡水化　市場規模」と検索エンジンに入力します。すると、経済産業省やＮＥＤＯ（国立研究開発法人新エネルギー・産業技術総合開発機構）などの公的機関や、○○総研といった

民間の調査研究機関などの調査レポートがリストされます。

例えば、このうち経済産業省の「海外展開戦略（水）」を見てみます。この資料は経済産業省が行っている水ビジネス関連の審議会・研究会により、２０１８年7月に策定された調査報告書です。この資料には「水インフラの需要見通し」の項目の中で、水ビジネスの分野ごとの市場規模とその予測が掲載されています（図表19）。その中から海水淡水化の数字を拾うと２０１５年で約3，０００億円、２０２０年で6，０００億円と、5年で倍増する予測であることがわかります。

重要なのは具体的な数値として捉えることができたということです。もちろんある調査の予測の数字ではありますが、市場調査を専門とする機関が費用と時間を掛けてまとめた報告書の数字ですから、一定の信頼度は持ってよいはずです。少なくとも中小企業自身ではこのような数字を求めることは難しいでしょう。また、市場規模などの数字だけでなく、市場の動向や主要な企業の様子なども知ることができて、非常に有用です。

海水淡水化は今後、世界人口が増えるに従い、需要が増えていくだろうという定性的な傾向はあっても、具体的にその規模、伸び率を数字として捉えることにより、予見に捉われることなく、正しい方向の分析、ひいては戦略、企画につなげることができます。

この海水淡水化の例では、公的機関からの資料だけでなく民間調査機関などの資料も多く公開されています。その中では、違った調査の方向や視点から市場を分析しまとめています。もちろん高額査レポートには及ばないのかもしれませんが、これらの資料をいくつか見るだけでも、市場の状

【図表 19　公的機関の市場調査を利用した市場規模の把握】

Web検索[**海水淡水化　市場規模**]

⇩

「海外展開戦略(水)」経済産業省　(2018/7/27)

⇩

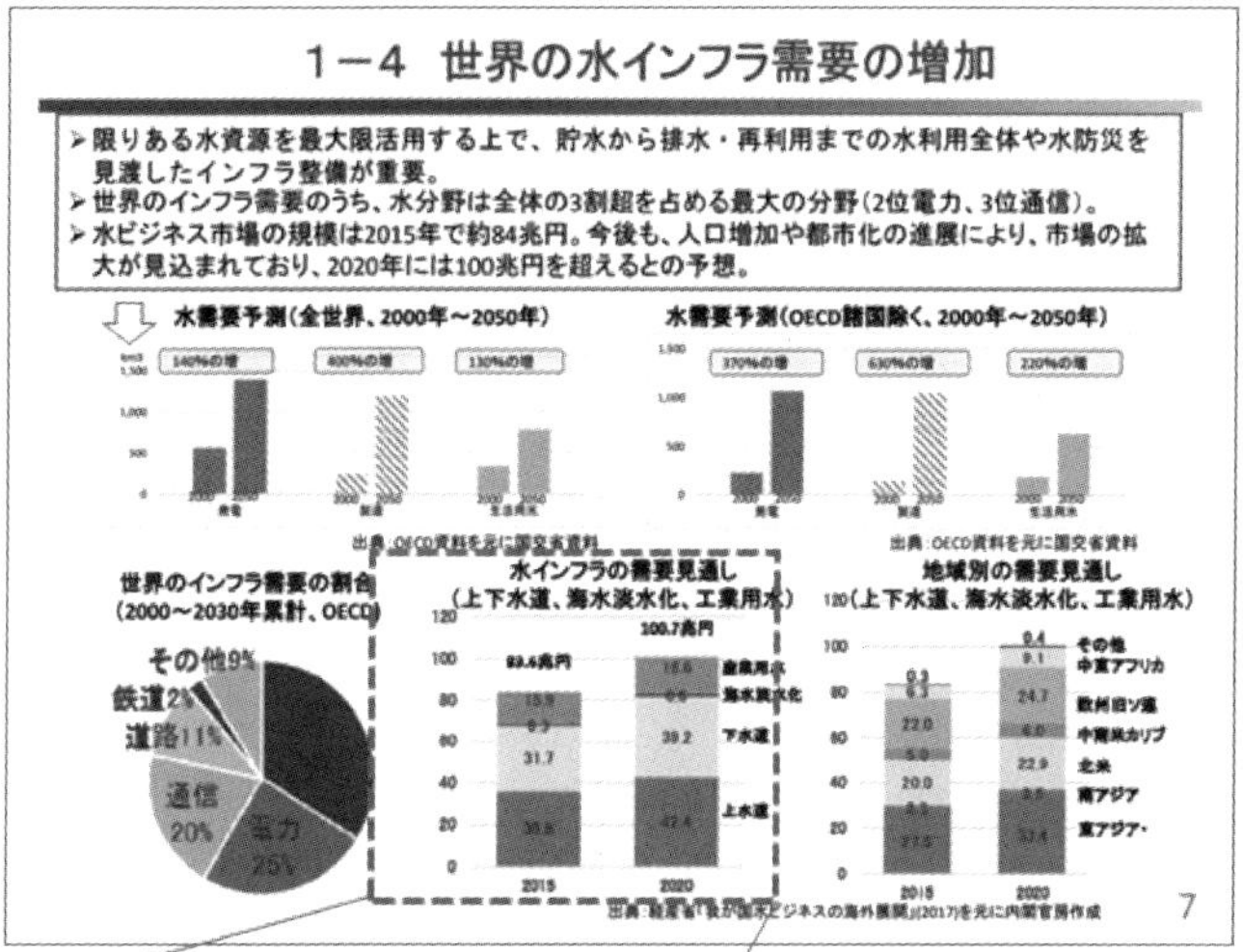

(「海外展開戦略(水)」
(経済産業省)より抜粋)

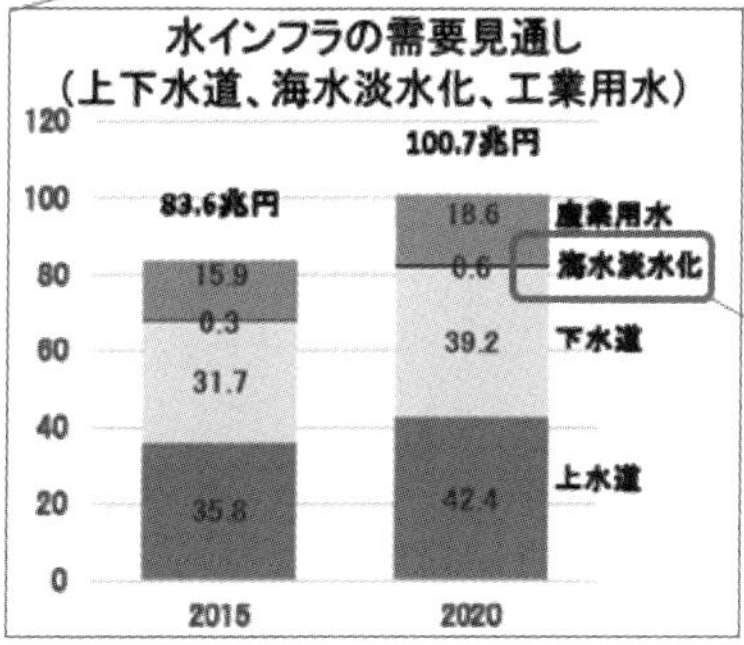

"海水淡水化設備"の市場は、
2015年の約3,000億円から、
2020年には約6,000億円と、
倍増の予測であることが判る

況を一定の信頼度のある数字として把握することができます。

民間調査機関のレポート自体は高額な場合が多いですが、そのサマリやごく一部のデータが安価で販売されていたり、Ｗｅｂで見ることができたりと、市場の推定に役立ちます。

■②市場を自社製品の対象市場にブレークダウンする「当たらずとも、遠からず」

①での市場規模の算出は、上位の市場についてでした。次にこの数字をブレークダウンして自社の製品が対象とする市場規模を算出していきます。ここはかなり大まかな推定や仮定が入るところですが、一定の論理付けの元で具体的な数字として出していきます。

１つの例として、先ほどの海水淡水化関連の製品をブレークダウンしていきます。

海水淡水化はいわゆるプラント・装置産業です。その売上＝市場は、薬品・部材・装置、電気設備、プラントエンジニアリング、運営・管理など、で構成されていて、自社製品がその中の電気設備で使用される想定であれば、まず電気設備分野の規模を算出します。

経済産業省からの資料の中で、水ビジネスでの構成分野の売上高比率の資料があります(図表20)。ここから電気設備は全体の４％ということですから、①で得た市場規模と合わせて、

●海水淡水化での電気設備分野の市場規模＝海水淡水化市場規模×構成分野比率
●２０１５年：３，０００億円×４％＝１２０億円
●２０２０年：６，０００億円×４％＝２４０億円

【図表20　水ビジネスにおける構成分野別売上高の比率】

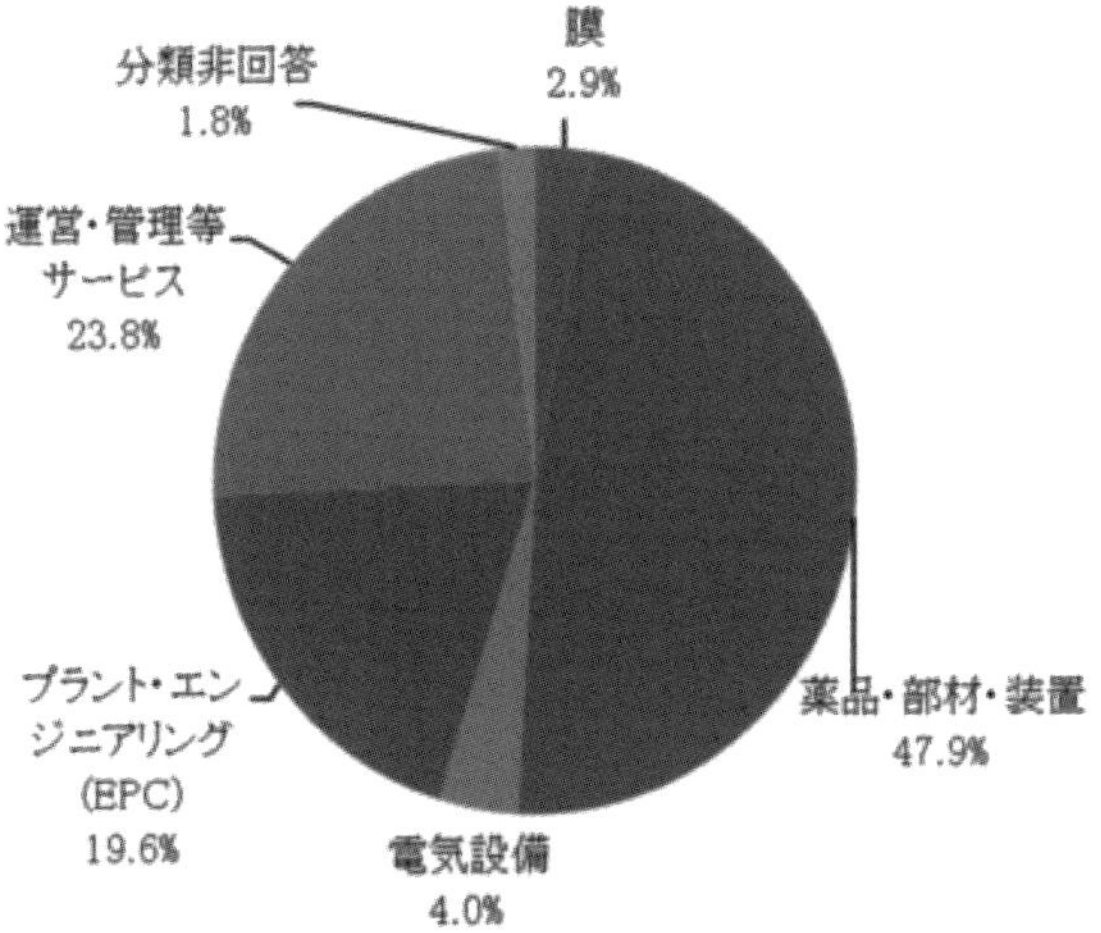

（「平成29年度製造基盤技術実態等調査事業（水ビジネス海外展開と動向把握の方策に関する調査）報告書」経済産業省　平成30年3月より）

となります。もちろん、この比率の４％は、「水ビジネス」に対してであって、海水淡水化に対してではありません。別の調査などで、海水淡水化ではもっと電気設備の比率が高いという感覚が得られているのであれば、４％を調整して６％や８％にします。

かなり強引かもしれませんが、４％は関連し、含まれる市場の数字ですから一定の根拠があると言ってもよいでしょう。

このように明確な数字が直接得られない場合は、関連する数字を引出し、その他の調査などの状況からその数値を調整していきます。「この数字がわかれば、算定ができる」数字を、ある論理と過程で推定し決めて行って最終的な数値を得る、という手法です。

この推定方法は、「フェルミ推定」と呼ばれていて、実際に直接知ることが難しい数字を、一定の根拠や過程、前提条件を元に算出する論理を構築して、概算を得ます。

フェルミ推定の有名な問題として、「シカゴには何人のピアノ調律師がいるか」があります。直接調べるのは大変ですが、この数字を、シカゴの人口300万人を起点として、平均世帯数、ピアノ保有世帯割合、ピアノ調律頻度、1人が1日に調律できる台数、調律師の稼働日数をそれぞれ推定することで130人という数字を得ました。

この数字自身は、100%正しいとは言えませんが、具体的な数値を算出できたことが重要で、シカゴのピアノ調律師の市場を推定したと言えます。

さて、先ほどの続きです。まだ海水淡水化での電気設備の市場規模を推定したまでです。その中で自社製品を使用する設備機器（顧客の製品）は全体の何%かを推定します。この数字は淡水化に限らない電気設備市場の中でのその機器の占める割合として、電気設備市場を調査することで近い数字を見つけるか、推定することができるでしょう。ここでは20%としてみます。

更にその機器の中で自社が狙う部品のコストがどの程度を占めているかを、顧客の状況などから推定します。部品の構成比に重要度を考慮して調整するなども必要かもしれません。コスト的な構成比を5%とします。

もう1つ、その機器のコスト対価格比も必要です。単純に粗利益率とみて40%としてみます。

これら3つの推定値を先ほどの市場規模に適用してみると、次のとおりです。

● 2015年：120億円×20％×5％×40％＝4800万円
● 2020年：240億円×20％×5％×40％＝9600万円

この数字はもちろん100％正しいとは言えませんが、一定の根拠のある具体的な数字です。

■③自社製品のシェアを想定し、売上・販売数量の予測をする

自社製品の対象市場の規模から、競合状況などを見て自社のシェアを想定することで、自社製品の売上や販売数の予測をすることができます。シェアは今までの実績というよりは、この新製品で「取りたいシェア＝目標」という面もあるでしょう。

競合状況は、既存製品と同じか、近い市場であれば今までの実績から推定することができるでしょう。少なくとも競合する企業についてはかなり正確に把握しているはずですし、実際の引合いでのぶつかったときの勝敗などが参考になります。

今までとは異なる市場であればしっかりと調べる必要があります。競合としてのプレーヤがどこかは、業界情報や、検索でも調べることができるでしょう。検索エンジンで製品カテゴリーを入力して検索して丁寧に見たり、関連する展示会での出展する企業を確認したり、業界団体などのメンバー企業を調べたり、などでどの企業が競合かを知ることができます。その上で目標シェアを想定します。

先の例で目標シェアを50％と想定すれば、次のようになります。
●２０１５年：４８００万円×50％＝２４００万円
●２０２０年：９６００万円×50％＝４８００万円
海水淡水化に関連した市場として、２０２０年には４８００万円の売上が想定できました。これを製品の予定単価で割れば販売数が計算できます。

このような推定を、対象となり得る市場に対して行い、積み上げることで新製品自身の売上・販売数予測になります。

推定した数字自身に対する大小の判断は、状況によると思いますが、製品の企画上、対象市場として適切かの第一弾の大雑把な判断材料として使える数値です。

こうしてマクロ的視点から具体的な売上・販売数予測の数字を算出しました。この数字をミクロ的な視点、具体的な見込み顧客の情報の積み上げなどからの数字と比較することにより、売上げ予測がより正確になっていきます。また、繰り返して行うことで、探し方＝検索リテラシーや推定の仕方もこなれて来て正確さや効率が上がってきます。

中小企業にとって、市場分析・売上予測を行うのは難しいと思われるかもしれませんが、「当たらずとも遠からず」でよい、と割切ることで、案外と安い費用で可能になるのです。

多くの情報がインターネットの検索を含めて格段に見つけやすく、安価で入手できるようになったわけですから、この状況を上手く利用して新製品の企画に活かしてください。

第3章　技術者の力を活かす開発の秘訣

1　技術者が戸惑わないプロジェクト運営のコツ

開発プロジェクトでは、関係者の意思、方向が一致していなければなりません。特に開発を担当する技術者が決定した仕様、コストやスケジュールの目標に向かって迷うことなく集中しなければなりません。途中で技術者が混乱したり、戸惑ったりする状況がないようにすることが、開発自身を成功に導きます。

そのための2つの方策について述べます。

■プロジェクトの背景について明文化して共有する

開発プロジェクトが始まる際、デザインレビューなどで、目的や目標や、販売予測などが検討して決められ、プロジェクト企画書、あるいは計画書としてまとめられ、関係者に周知されます。このとき、スケジュール・コスト（価格）・予算などの目標値の他に、背景を明文化して共有しておきます。

企画の背景とは、「なぜこの企画・プロジェクトを行わなければいけないのか」、「なぜこの新製品が必要とされているのか」の理由、きっかけです。

背景の中で記載されておくべきなのは、次の3つです。

①経営目標・事業戦略との整合性
②市場状況、市場動向
③自社のビジネス状況

新製品の企画は、経営目標や事業戦略をブレイクダウンした上での具体的な対応ですから、当然企画の内容との整合性があるはずです。これを明確に示すことにより、このプロジェクトが会社・事業の方針に沿っていることを確信した上で設計開発作業を、安心して進めることができます。

例えば、「事業戦略として国内○○市場でのトップシェアを目指すために、○○市場に特化した新製品の開発を行う」です。

市場状況や市場動向の説明では、この新製品によってどのような市場の変化・状況に解決策を提供し、結果として事業戦略に貢献するかを示すことになります。まだ十分に販売拡大の余地があり、そのためにどの様な顧客の要求に対してどのような価値を提供するか、の説明です。市場の急激な拡大が予想される場合には、その市場を狙うことも、新製品開発の背景になり得ます。

自社のビジネス状況としては、例えば、「既存製品の競争力低下や競合の台頭などで、売上や利益が圧迫されてきているため、新製品による巻き返しが必要とされている」といった記述が考えられます。

また、技術経営の面からは、今後の製品展開のために、新たな技術要素の習得と実践を、社内的な目的の１つとすることもあるでしょう。

このような背景は、製品の企画を進めてくる中で必ず議論されている内容です。重要なのはその議論をしっかりとプロジェクトの背景として明文化しておくことなのです。

明文化しておくことで、技術者が新製品として求められている具体的な仕様やスケジュール、コストの目標の重要さ、優先順位を知り、管理者や経営者を含む関係者と共有することができます。何かあった場合に、この背景に立ち戻って判断することができ、迷ったり時間を使ったりすることがなくなります。

■技術者としての目標の共有、期待と希望の共有

会社のビジネス的な目標と並行して重要なのが、技術者としての目標に対して、このプロジェクトへの参加がどのように貢献するかを、技術者と共有しておくことです。

会社としての期待と同時に、技術者としてはこのプロジェクト内でどのようなスキルを身に付けたいかの希望は、とても重要なことです。

会社の期待と技術者としての希望や目標とをすり合わせておくことで、技術者がモチベーションを高く保ち、安心して作業を進められるようになります。

私はプロジェクトマネージャとして、新製品開発に携わっていたとき、メンバーである10数名の技術者全員と半年ごとに、期待と希望についてすり合わせ、合意を取るようにして、可能な範囲で目標や希望につながる作業を担当してもらうようにしていました。

２　ＱＣＤの前に考えるべき大切なこと

■製品の機能が課題解決に貢献できるか

ＱＣＤ（Ｑｕａｌｉｔｙ・Ｃｏｓｔ・Ｄｅｌｉｖｅｒｙ）は、製造業、特に生産管理の基本概念ですが、当然新製品の開発においても重要な管理項目です。プロジェクトを通してモニター、管理していかなければなりません。

しかしそのＱＣＤの前に押さえておかなければいけない重要な項目があります。それは機能（Ｆｕｎｃｔｉｏｎ）です。当たり前なのですが、製品は顧客の困り事＝課題の解決のためにあるのですから、その製品の機能が課題解決に貢献するかは最重要です。

したがって、機能・仕様が本当に顧客の課題を解決するかの検証は、企画の中でしっかり行わなければなりません。企画の段階で充分な検証を行っていることで、その後の設計開発に集中できます。製品の機能＝仕様の検証は、顧客の課題解決要求に対しての達成度の検証とも言えます。

■要求と機能・仕様との関連を明確にする

検証するためには、要求事項とその要求を実現する機能・仕様の対応が明確にわかるようにしておく必要があります。

【図表 21　要求―仕様対応表の例】

要求事項	要求レベル	設計仕様	実現方法
小型化:片手で持てる	3kg以下	2.5kg以下	プラスチック筐体の使用
互換性が保たれている	10の基本機能が同じ	←	
使い勝手の向上	ユーザが設定を変更可	基本設定項目が変更可	変更用ソフトの提供
多チャンネル化	30ch以上	32ch	小型部品を使用
操作性の改善	ボタン操作3回以下	メニュー3階層まで	階層の設計
電池の持ちが長い	24時間以上	27時間以上	高効率変換回路の使用
電池の消耗がわかる	3段階の残量表示	←	ランプの点滅状態で表示
信頼性の確保	MTBFが5年以上	←	社内ディレーティング基準で部品選定する
保守性の確保	現地Update可能	←	LANポートを使用してUpdate
生産性の確保	調整時間<10分	手動調整<２カ所	AGC回路採用による自動調整

図表21に簡単な要求‐仕様対応表の例を示します。左側から「要求項目」と具体的なレベル・数値を示した「要求レベル」、それに対応した「設計仕様」、そしてその「実現方法」です。要求項目では、顧客や市場からの要求だけでなく、保守性・信頼性をはじめ、生産性などの社内からの要求や基準についても追加しておくと、製品の仕様全体についてみることができます。

簡単でもこのような対応表をつくっておくと、設計開発を行う技術者は、設計目標とする仕様のもともとの要求がどこから、どのレベルで必要とされているか、を知ることができます。

技術者としては、決められた仕様を満足する設計をすればよいと言えばそれまでなのですが、やはり、「仕様の出所、根拠」を知ることで、何かあったときの判断の基準を見つけやすく、素早い対応を取ることができるようになります。

企画の検証・評価はこの表を設計仕様から要求事項に逆にたどることで行います。本当にその設計仕様が要求レベル、要求事項を満足するか、課題の解決に貢献するかの観点で確認をしていきます。課題解決要求に対する達成度を見ていく、というイメージです。

この表は、生産管理などでよく使用される「品質機能展開表」をごく簡単にした形になっています。本来はすべての仕様項目について要求項目があり、対応を付ける必要があるのですが、最初は一部の重要な仕様項目から作成してもよいでしょう。

要求の内容と設計仕様のつながりを付けておくことが、製品の企画としてＱＣＤを考える前に求められることなのです。

3　プロジェクトを成功に導く中小企業のリスク管理の方法

プロジェクトにはトラブルが必ず発生しますが、開発を成功に導くためには発生するトラブルをいかに少なく、小さくするかと、早く発見してどう対処するかが鍵です。そのためには、トラブルの元、リスクの管理は必須で、重要なプロジェクト管理の項目になります。中小企業のプロジェクトでは開発が前のめりになりがちで、どうしても悪い影響を与えるリスクを考えずに進めてしまい、何かが起こってから慌てふためく、ということもよくあります。

大手企業であれば、しっかりした開発プロセスの中で、ＰＭＢＯＫ（Ｐｒｏｊｅｃｔ　Ｍａｎａｇｅｍｅｎｔ　Ｂｏｄｙ　ｏｆ　Ｋｎｏｗｌｅｄｇｅ）のように体系立てられたプロジェクト管理がされ、リスク管理もマニュアル化されているかもしれませんが、中小企業ではなかなかそれを勉強して実際の開発に適用するのは厳しいでしょう。

だからと言って、リスク管理をしないわけにはいきません。ここでは中小企業が実際に行えるリスク管理の方法を紹介します。ただし、中小企業と言っても企業規模や状況はさまざまですので、自社の状況に合ったレベルからまず初めてみることをおすすめします。

リスク管理は、次のステップで行います。

①リスク項目の洗い出し
②分類と評価
③予防策の検討
④予兆・発生のモニター方法検討
⑤発生時の対応の検討
⑥予防策実施のモニター
⑦予兆・発生のモニター

このうち①~⑤が準備段階、⑥・⑦が実施段階のステップです。

リスク管理のポイントは、次の３つです。

①リスクがあることを認識して共有する
②リスクを発生させない
③リスクの発生を早い段階で見つける

これらのポイントをそれぞれのステップで対応します。

重要なのは、リスク項目自身を含め、各ステップの結果を「明文化して共有すること」です。頭の中で思っていたり、口頭で話したりするだけでは不十分です。

■①リスク項目の洗い出し

リスク管理の最初は、リスク自身を洗い出すこと、明確化することから始めます。

開発の始まる前後では、気がはやって前のめりになっているとなかなか後ろ向き、悪い状況は考えたくないというのが正直な心理ですが、最後に成功するためには、ここでしっかりとリスクを認識しておく必要があります。リスクは、「うまく行くはず」のことが「うまく行かなかった、行かなくなった」ことで発生し、プロジェクトの進行に影響を与えます。

リスク項目の洗い出しのポイントは、自分を第三者の立場に置いて、客観的に「ダメ出し」できるかです。そのため、リスク項目をリストするには、「うまく行くはず」のことは本当にうまく行くのか。うまく行かなかったら大変なことになるという見方で、ある意味「ダメ出し」をします。

「○○センサーを使ってモーターの動作を正確にモニターする」ことが必要であるならば、「もし、正確にモニターできなかったら」大きな影響が出ます。「○○センサーを使ってもモーターの動作を正確に把握できない」がリスクの項目になります。

●「重要部品Aを使って低コストにする」↓部品Aのコストが高い

● 「ユニットのサイズを小さくして全体を小型化する」→小型化できない
● 「高精度の部品を使って、要求仕様を満足させる」→部品が見つからなかったら

製品の開発が進む前提を、事前に立ち止まってダメ出しする、という感覚です。

また、各種の評価、試験でうまく行かないこともとてもよくあることです。特にキーとなる性能・仕様が目標に達していないと製品の販売にも大きな影響を与えるわけですから、特に重要な仕様項目については、「目標レベルに達していない」ことをリスク項目としてリストします。

CE試験など、生産、販売に必要な規格試験は、すんなりとクリアできないこと、つまりリスクが発生することを前提としておくべきです。

図表22にリスクを洗い出すうえでの視点を示しました。これらの視点で、事前に「うまく行かなかったら?」との観点でリスクを関係者で集まって洗い出します。

リスクは洗い出そうと思えば、いくらでも出てきます。開発の内容や企業規模にもよりますが、最低でも20~30以上はリストします。

【図表22　製品開発でリスクを洗い出す視点】

技術面	性能	目標性能を達成できるか
	信頼性	目標となる信頼性を確保できるか
	技術要素	新技術が想定/予定した性能を出せるか
	部品/部材調達	想定した性能がでるか
	試作評価	試験がパスしない
リソース	人員	必要なスキルの人員工数を確保できるか、途中で離脱しないか
	開発費用	予定した開発予算を確保できるか、超過しないか
外部	部品/部材調達	納期遅れはないか、予定価格で調達できるか
	外周設計/加工	納期遅れはないか、要求/仕様通りでない
	顧客/市場	要求/状況の変化で、仕様が途中で変更されないか

リスクとして事前に想定してリストした段階で、ある意味「そのリスクに関しては対策されている」とも言えます。発生や対策について、開発作業の中で充分に意識することになるからです。そのため、リスクの洗い出しはしっかりと行ってください。

■②リスクの分類

洗い出したリスク項目は分類して、「管理」できるようにします。分類は、①区分けと、②評価の2つの手順になります。

手順①の区分けは、内容ごとに近い物を集め、カテゴリーに分けます。仕様に関するもの、コストに関するもの、調達に関するもの、コスト・スケジュールに関するもの、項目ごとに分けていきます。

ここで大事なのは、あまり厳密にする必要はなく、感覚で振り分けても構いません。区分けの項目は「リスク洗い出し」で使った視点です。

分類したら次は②評価の手順です。評価は「発生の可能性」と「影響の大きさ」の2項目について行います。それぞれを3段階で、「発生確率：高・中・低」と「影響：大・中・小」をつけていきます。

この評価も厳密に行わなくても、開発担当者・技術者の感覚でつけてよいでしょう。可能であれば複数の関係者でつけていくことをおすすめしますが、状況によっては担当者1人で行わなければならない場合もあるでしょう。

この評価を厳密に行おうとすると、当然いろいろ調査と検討が必要になってきます。リソースが充分にあればよいのですが、やはり中小企業では難しいと思います。究極的に追及していくと、いつの間にか設計そのものになってしまいます。それでは本末転倒なので、あくまで大雑把にどの辺りの項目が危なそうなのか、気をつけなければならないのかを把握します。

■③予防策の検討

リスクは発生しないことが一番です。発生し得るリスクがわかっている場合は、その発生をいかに抑えるかを第一に考えるべきです。

例えば、「消費電力が想定以上に大きくなる」というリスクに対しては、「ユニットごとに消費電力を計算し、それぞれに分配した消費電力と比較する」などが、予防策の1つになります。すべて合わせてから比較するのではなく、その手前のユニットごとに比較することで、早めに消費電力が想定以上になりそうかどうかを把握することができます。

また、設計においてリスクが発生しにくいように、ある部分の設計を強固にしておく、いわゆる設計マージンを多くとっておく、というやり方もあります。

ある意味、これは設計の手順としては当たり前なのかもしれません。経験ある技術者であれば常にこのような手順で設計を進めていくと思いますが、開発の質を高く保つために必ずこの手順を踏み、「明文化して共有すること」をプロセスに入れてください。

■④予兆・発生のモニター方法検討

リスクの発生をなるべく早い段階で発見すると開発への影響を抑えることができます。発生の予兆を捉えることができれば、発生自体を防止できる可能性があります。

モニター方法と言っても難しいことではありません。「そのリスクが発生しそうになると、何に影響が出てくるか」を考えることで、多くの場合は、リスク自身の数値なりを常にモニターすることだったり、予防策自身がモニターになったりします。

先の消費電力の例では、分割したユニットごとに結果をモニターしていて、一部のユニットの想定した値が大きくなると全体でオーバーする可能性が高くなり、事前に予兆として捉えることになります。

■⑤発生時の対応の検討

リスクが発生してしまったときに、どのように対応するかを事前に決めておくと、開発への影響を最小限に抑えることができます。

対応策で、事前に代替手段があれば、「代替手段○○に変更する」が対応策になるのですが、開発の準備段階ですべてのリスクに対して、代替手段を適切に用意できている場合ばかりではありません。その場合には、「関係者で代替手段・対応策を検討する」としておいても構いません。リスクはあくまでも将来に発生するかもしれない事象です。代替手段を見つけておくために、多くのリソースを費やすことは得策ではありません。

【図表23　リスク管理シートの例】

No.	分類	リスク内容	影響	確率	予防策	モニタ方法	発生時対策
1	性能	センサーで回転を検出できない	大	低	センサの感度特性を予め確認	センサ感度が充分かを検討	別のセンサーを使用
2	調達	部品Aの納期が遅れる	中	高	定期的に納期確認		代替部品を用意
3	性能	サージ試験で不合格	中	中	絶縁対策をリスト	絶縁対策のリストでのチェック	絶縁対策の追加
4	性能	小型化出来ない	低	低	重要部品の目標サイズを設定	部品ごとの目標達成をチェック	<要検討>
5	外注	外注の成果物が要求仕様に合わない	中	中	毎週の打合せで確認する	仕様項目ごとの実現度をチェック	<要検討>
6	人員	ソフト要員が確保できない	大	低	ソフト要員を募集		他部署から応援を得る
7	性能	消費電力が確保できない	大	低	ユニットごとに目標値を設定	ユニットごとに達成度をチェック	基本構成を再検討する

■⑥予防策実施のモニターと、⑦予兆・発生のモニター

ステップ⑥・⑦は開発の中の実施段階なので、並行して行うステップになります。通常これらはプロジェクトの進捗管理の中に、定期的にチェックする項目として組み込まれます。

この2つのステップは、ステップの③で決めた予防策が実際に実施されているか確認するステップです。毎週、あるいは定期的に各リスク項目の予兆・発生のモニターで決めた数値なりが、どのようになっているかを報告します。

この①～⑦のステップをまとめたのがリスク管理シート（図表23）です。図表23を共有し、常に意識してもらうために、図表23を印刷してプロジェクトメンバーがいつも見える場所に掲示してください。

リスク管理でどうしてもリソースが不足するとか、すべての手順

を実施するのが難しいという場合は、最低限①・②・③・⑥のステップを行ってください。この４つのステップの結果をメンバーや関係者と共有するだけでも大きな効果があります。何が起きる可能性があるか、どんな影響がどれくらいあるかが意識の中にあれば、関係者が無意識に発生しそうか、したかを見ていることになります。

中小企業では、本来、関係者の間の距離が小さい、お互いにどんな状況かを把握しやすいわけですから、知っておくだけでも早めに感じ取ることができるはずです。

4　コストオーバーを防ぐ管理手法

新製品の開発において、コストの管理は必須なのですが、なかなか上手くいかないこともあり、どうしても企画時のコストを超えてしまう場合があります。

企画時に決められたコストを守るポイントは、次のとおりです。

- ●企画時の見積りの精度を高くする
- ●制約条件としての品質を機能の一部として定義する
- ●リスクを把握してコストに盛り込む
- ●詳細設計前に、技術面・コスト面で目標達成の目処を立てておく
- ●コストのトラッキングと、差分のフィードバック

●ロット数の把握と管理
●設計者・関係者の高いコストマインド

最後のコストマインドに関しては、最も重要なポイントの1つで、第6章で詳しく述べます。

■企画時の見積精度を高くする

企画の際にその機能を実現するためのコストを見積って、要求されるコストとすり合わせ・合意して、目標コストとします。したがって、このときのコストの見積りの精度が悪いと、当然開発途中で差分が生じ、修正できません。ほとんどの場合、コストは上昇する方向です。

多種類の部材などに対して、既にコストテーブルが用意されている場合もありますが、実際のところ、企画段階では詳細な部品などは決まっていませんので、そのまま使うことはできません。

企画段階での見積りでは、重要機能や重要部材について、調査して概算金額を見積もります。多くの場合、構成部材の一部がそのコストの大部分を占めます。80：20の法則とも言われるパレートの法則です。実際に2割の部材が80％のコストを占めているかどうかは、状況によりますが、その機能を達成するうえで、必要な部材をまず組み込むことで、第一段階の見積りができます。

その後で、汎用的な残りの部材のコストを見積もりますが、細かく正確性を求めることは、実際の設計を行うことになってしまい非効率です。ここはパレートの法則に従って残りを20％として全体を算出します。もちろん、それまでの経験と実績から、企業・プロジェクトごとに追加分の割合を調整すべきでしょう。

■制約条件を機能の一部としてコストを参入する

製品において制約条件となる「安全性」「耐久性」「保守性」「法規制」などについては、実際に最後の評価試験で合格するための追加対策により、コストオーバーとなる大きな要因です。

例えば、最後のEMC試験（電磁波により誤動作しないかの試験）で、部品を保護するためのシールドケースや追加部品が必要になることがあります。

したがって、これらについても、企画段階で部材の合計の一定割合を見積りに算入しておきます。「安全性：○％」、「耐久性：○％」などのようにです。もちろん算入の大きさは状況により異なります。

■リスクを把握してコストに盛り込む

前項でリスクの把握・管理について述べましたが、リスクの内容と大きさから、その対応策のためのコストを見積りに算入します。その際には、対応策のコストにリスク発生の確率を掛け、期待値として追加します（リスクなので、発生を期待しているのではないのですが）。

■詳細設計前に目標達成の目処を立てておく

企画の時点ではすべての状況を見通せているわけではありません。何らかのチャレンジがあるのですから、その裏返しとしてリスクがあり、コストアップの要因となり得ます。

しかし詳細設計に移行する時点では、使用する要素（技術）について、技術的にはもちろんのこと、コスト的にも目標を達成できるかどうかの目処を立て、判断ができる必要があります。もし、目処が立たない場合は、企画に立ち戻って、検証します。

目標達成の目処は、デザインレビューとして基本設計段階前、詳細設計段階前の重要な評価・判断項目になります。

【図表24　コスト管理表の例】

	A	B	C	D	E	F	G	H	I	J	K	L	M
1	○コスト管理シート												
2	生産ロット：100												
3					企画見積				DR1 見積				DR2 見積
4	製品1				21,930				22,760				
5													
6	Unit-A				13,340				13,840				
7		部品A			5,000				5,400				
8		部品B			3,200				3,400				
9		部品C			1,300				1,200				
10		その他A			950				1,000				
11		その他B			950				1,000				
12		組立	1,000	1.2	1,200		1,000	1.2	1,200				
13		安全性			200				200				
14		耐久性			300				300				
15		保守性			100				100				
16			Cost	発生確率			Cost	発生確率					
17		リスクA	1,000	10%	100		1,000	4%	40				
18		リスクB	800	5%	40		800	0%	0				
19													
20	Unit-B				8,590				8,920				
21		部品A			3,000				3,200				
22		部品B			2,500				2,600				
23		その他A			550				580				
24		その他B			550				580				
25		組立	1,000	1.5	1,500		1,000	1.5	1,500				
26		安全性			150				150				
27		耐久性			200				200				
28		保守性			50				50				
29			Cost	発生確率			Cost	発生確率					
30		リスクA	500	10%	50		500	4%	20				
31		リスクC	800	5%	40		800	5%	40				
32													

■コストのトラッキングと、フィードバック

開発のフェーズに沿って、コストのトラッキングを製品のユニットなどの単位で行うのは、非常に有効な管理方法で、ある程度の規模の企業であれば何らかの形で実施していることと思います。

図表24に簡単なコスト管理表の例を示します。ユニット2つで構成される製品1のコスト構成と時系列での変化がわかるようになっています。実際にはこれに購入ロット数での単価の違いなどが入るかもしれません。

このトラッキングにより、企画時の見積りとのずれを明確

にして、コストを抑えるポイントを明らかにします。また、実際には、コストを計算するタイミングは、デザインレビューのときだけでなく、各フェーズ内で、大きな変化があったとき、部品の見積りが大きくずれた、リスク回避の目処が立った、などの時に改めて実施して、チェックすると効果的です。

5　製品の価値を更に向上する思考法

製品は、顧客の困り事＝課題を解決するための手段を具体的な形にして提供できるようにしたものです。顧客は、課題を解決してくれることに価値を感じることで、対価を支払ってくれることになります。

開発する製品の価値を高めることによって、価格競争に陥らず、競合に対して優位に立てるわけですが、どのようにして価値を高めて行くのでしょうか。１つの思考法をご紹介します。

■価値向上は、コストダウンと機能向上で

最初に「価値」について定義をします。さまざまな定義の仕方がありますが、ご紹介する思考法の出発点として、

●価値（Ｖａｌｕｅ）＝機能（Ｆｕｎｃｔｉｏｎ）／コスト（Ｃｏｓｔ）

と表現することができます（図表25）。

分子になっている機能とは、「顧客の課題を解決する能力」です。当然ながら、その能力が高く、顧客のより大きな、重要な課題を確実に解決できるのであれば、顧客から見て価値が高いことになります。

【図表25　価値の定義と価値の向上】

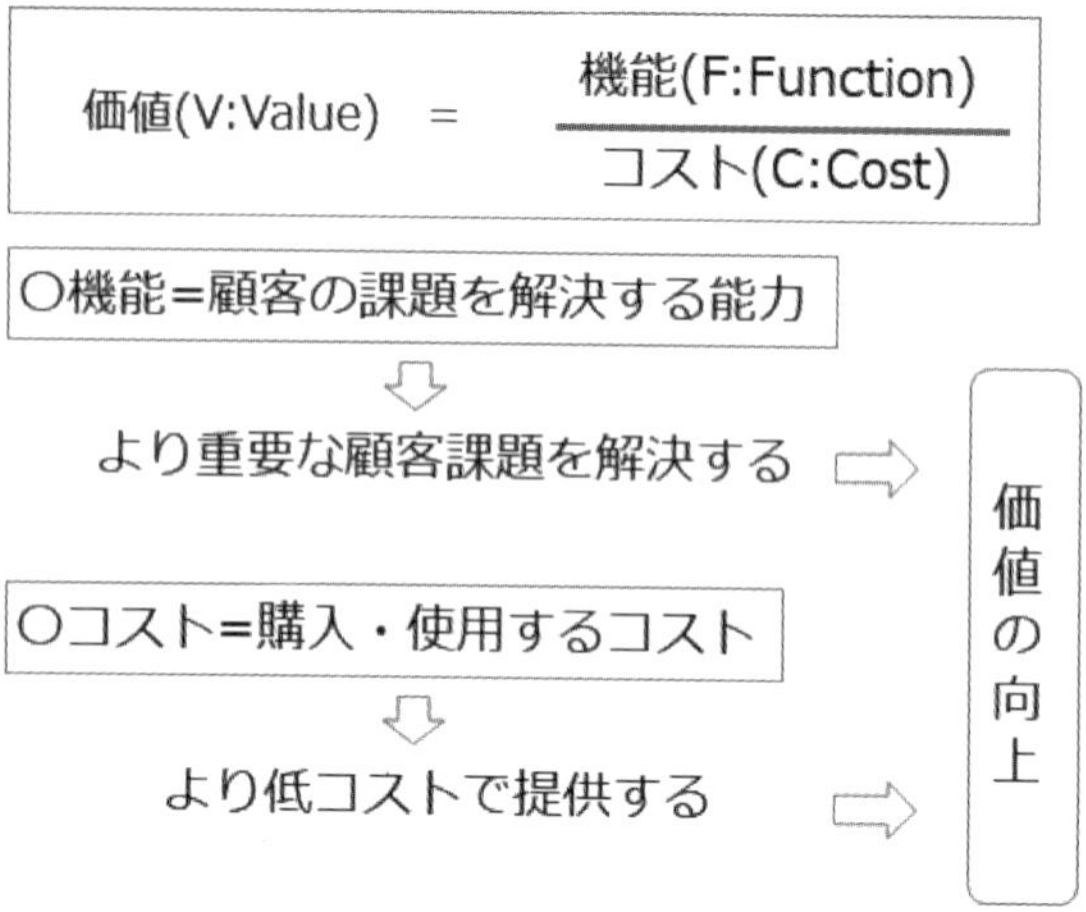
価値(V:Value) ＝ 機能(F:Function) / コスト(C:Cost)
○機能＝顧客の課題を解決する能力
より重要な顧客課題を解決する
○コスト＝購入・使用するコスト
より低コストで提供する
価値の向上

分母のコストは、顧客が購入・使用するコストです。顧客にとって同じ機能＝課題解決能力であれば、コストが低い製品のほうの価値が高く、そちらを選択するでしょう。価値にコスト概念を含むのがポイントです。

この式から、価値を高めるアプローチは、「機能を高める」と「コストを下げる」の2つになることがわかります。

より高い機能とするために、より重要な顧客課題を解決する能力を持ち、より低いコストで提供できることが、顧客にとっての価値を高めることになります。

【図表26 「目的－手段」の連鎖の思考法の例】

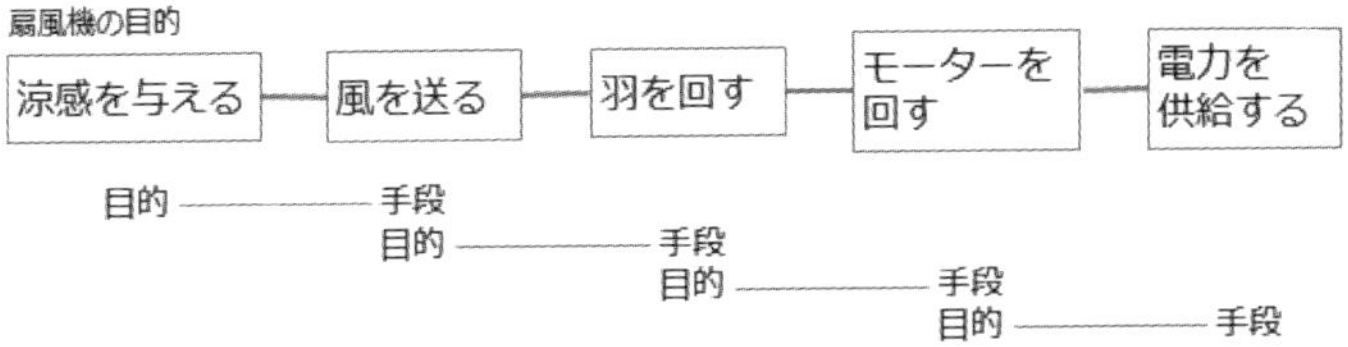

■「目的‐手段」の連鎖の思考

2つのアプローチのために、「目的‐手段」の連鎖の思考がとても役に立ちます。

何事に「機能」があり、果たすべき「目的」があります。また、その機能を実現するための「手段」も必要になり、その手段から見るともともとの機能が果たすべき目的となります。ある「機能」は、下位の機能の「目的」であり、同時に上位の機能の「手段」でもあります。

図表26の扇風機の例で説明します。扇風機で一番重要な機能が「風を送る」です。「風を送る」機能の目的は「涼感を与える」で、これが扇風機の目的になります。「涼感を与える」と「風を送る」はそれぞれ「目的」と「手段」の関係です。

一方「風を送る」ための手段は「羽を回す」で、同様に「羽を回す」目的が「風を送る」ですから、双方も「目的‐手段」の関係にあります。つまり、「風を送る」は「涼感を与える」の手段であると同時に、「羽を回す」の目的にもなっています。3つの機能が「目的‐手段」の連鎖になっています。

「羽を回す」、その手段である、「モーターを回す」、その手段である「電力を供給する」も同じように「目的‐手段」の関係でつながっていると考えることができます。

この、機能を「目的-手段」の連鎖で考える思考法が、価値を高める2つのアプローチのベースです。この思考法では、何かの「機能」があったとき、「その目的は何か？」を考えます。考えついた目的も裏返せば上位の機能の手段であり、更に「目的は何か？」と、次々と上位の目的を考えていくことになります。

■より上位の機能＝課題解決で価値を向上する

「機能」はよくよく見てみると、解決したい「課題」でもあります。夏の暑さを何とかしたいとの課題に対して、「涼感を与える」という機能が解決してくれます。

扇風機を設計する際に「羽を回したい」との課題（＝目的）に対して、「モーターを回す」という解決策（＝手段）が提供されるのです（もちろん、「羽を回す」のは、「モーターを回す」だけでは実現できません。モーターを支持したり、モーターと羽を固定したりと複数の手段が必要ですので、通常、連鎖のツリーは下位（手段側）に行くにつれて、広がります）。

提供する機能は、顧客の課題の解決が目的ですから、より上位の課題を解決する機能を提供することで、顧客にとってはより価値が高いということになります。そのため、ある機能の解決を考えたとき、「その上位の目的は何か？」と考えて、目的-手段のツリーをなるべく遡り、遡った機能に対しての解決策を、それまでの手段に捉われずに考えることで、大きな価値向上につなげること

【図表 27　上位の目的からの発想で、より高い価値を提供】

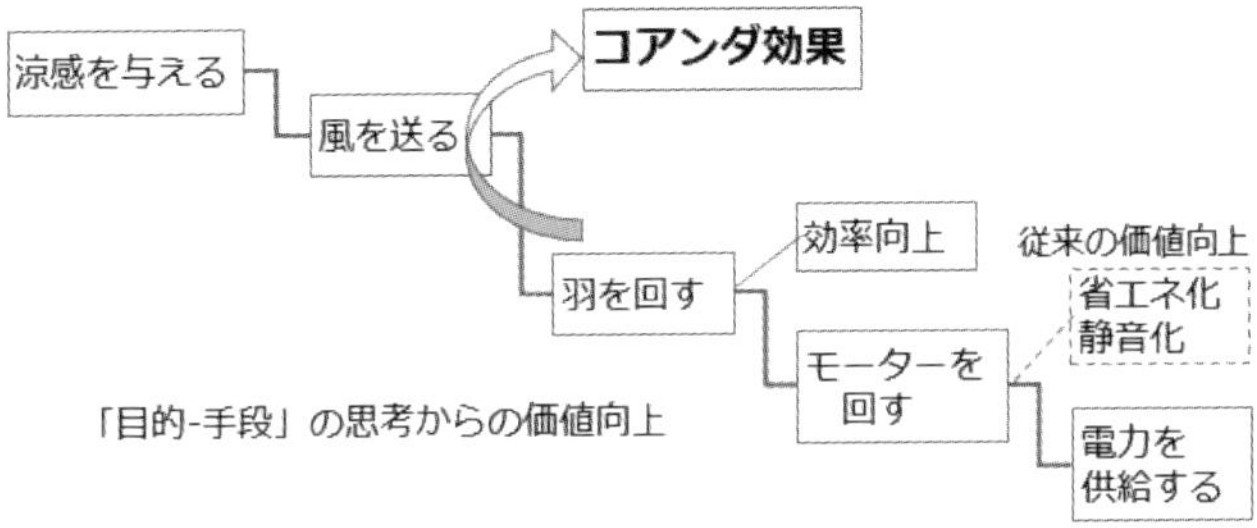

ができます。

扇風機の例では、今までは各社が羽の形やモーターを工夫して、価値を向上しようとしてきました。モーターの省エネ化や静音化、風を送る効率の向上や１／ｆゆらぎでの風の送り方の工夫などです。

そんな中でダイソンは、１つ上の「風を送る」機能に立ち戻り、逆に「風を送る手段は？」との発想になりました。風を送る目的を達成するためには、手段として「羽だけではない」として、流体力学のコアンダ効果を利用したエアマルチプライアーを開発し、「羽がない」という使用者にとって大きな価値の向上に結び付けました（厳密には小さいファンが使用されていますが、送られる風の大部分はコアンダ効果で発生しています）（図表27）。

もう一段上の目的「涼感を与える」で考えてみます。涼感を感じる手段は、風だけでしょうか。湿度を下げることでも可能で、この手段が除湿器になるでしょう。ほかに涼しさを「感じる」手段として何があるでしょうか。

●風鈴：音と見た目で涼しく感じさせる

●打ち水：通り過ぎる空気の温度を下げて涼しくする
●寒色系のインテリア：視角効果で涼しく感じさせる
●川のせせらぎや波の音：水をイメージさせる音で涼しさを感じさせる

このように、より上位の機能に着目することで、解決策の手段の取り得る幅が大きく広がります。より上位の機能ほど、根本的な課題の解決になっていますから、顧客にとっては解決策＝製品の「機能＝価値」がより高まります。

■代替手段の発想でコストダウン

価値向上のもう1つのアプローチ「コストダウン」についてはどうでしょうか。これも「目的－手段」の連鎖の思考で大きな効果を得ることができます。

ある部品、ユニットのコストダウンを考えます。通常は、材料や加工時間／方法、調達方法などを精査し、合計でどれだけのコストダウンになった、という議論になります。

どの部品やユニットも「機能」を持ち、達成する「目的」があることは述べました。その「目的」に着目します。今ある部品やユニット＝手段は忘れて、その「目的を達成する手段は他にないか？」と発想します。発想されたアイデアの中から、一番効果のあるアイデアを代替手段として採用します。

一度目的に立ち戻ることで、発想の幅を広げるところがポイントです。

【図表28 「目的」手段の思考でのコストダウン】

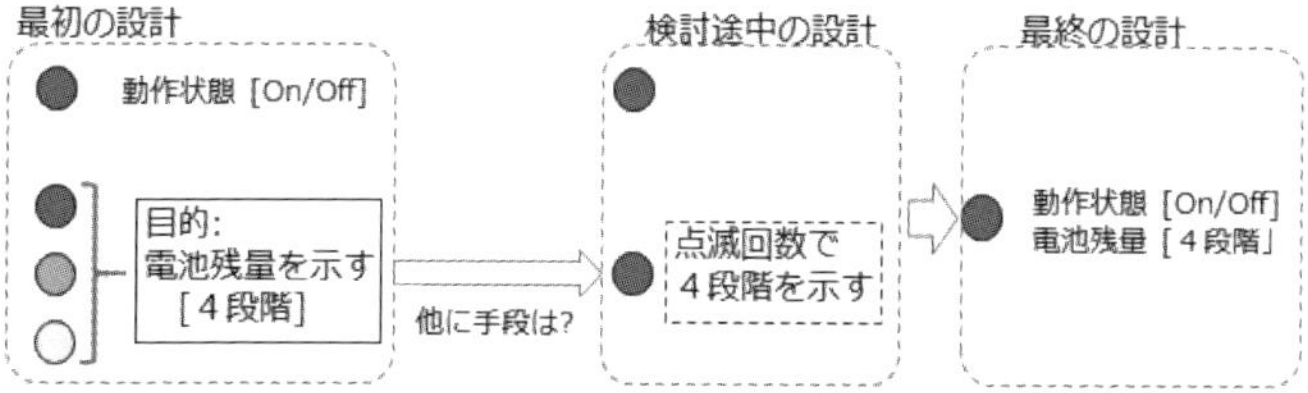

ある企業の新製品開発の中で、動作状況の表示に追加して、電池の残量の表示が必要になりました。最初は、表示ランプ3つが追加された設計でしたが、「表示ランプの目的は何ですか」の問いかけを行ったところ、「電池残量を示す」との回答でした。

そこで、「電池残量の示す手段は他にないか」として、発想したところ「点滅」というアイデアが出てきました。点滅の回数を4段階にすることで、ランプ1つで、「電池残量を示す」という目的を達成しました。ランプが1つで済み、コストダウンになっています。

最終的には、動作状態を示すランプとも統合し、全体でランプの数を変えることなく、電池残量の表示が可能になりました（図表28）。

また、別の中小企業では、旧式の製品で使用している部品の廃止で困っていました。特殊なセンサーで既に生産が中止されていて、何とか在庫で賄ってきましたが、その在庫が残り少なくなってきたというのです。

本来は、サポート終了を宣言する状態で、新機種への置換えを提案しています。それでも、まだまだ現役で使用してもらっている顧客も多く、置換えが進まないままで「サポート終了」とした際の、他社への転換が懸念されていました。

このように、なかなか移行が進められない中小企業が多いのではないでしょうか？

そこで、まずは、「そのセンサーの目的」を確認することにしました。目的は「モーターの動作状態の把握」でした。そうすると、その動作状態を把握できる別の方法＝センサーはないか、という発想をしてみます。

そして、現在汎用的に使用されているセンサーに簡単な処理をすることで、今のセンサーと同じ情報を取れることがわかりました。一度目的に立ち戻り機能から改めて手段を考えることにより、代替案が見つかったわけです。

廃止部品のコストは、調達時の価格や調達先を探す手間だけでなく、在庫が尽きてその後のサポートができない、顧客が競合に転換する、というリスクもコストと捉えると、非常に高くつくと言えます。なるべく早期に、確実に代替部品に置き換えることが求められるため、このような発想法がとても有効です。

このように、「目的‐手段」の連鎖の思考をすることにより、より上位の課題解決、根本的な代替案により、提供する価値を大きく高めることができます。

ちなみに、この思考法は、モノに限らず、サービスやプロセスにも適用可能です。「その手順や操作の目的は？」、「目標を達成する手段は他にないか」のように、この思考法を常に意識して、さまざまな分野・場面で適用してください。

第４章　効果的な販売促進の秘訣

1　顧客の心をつかむセールスメッセージのつくり方のポイント

■製品の仕様では響かない

商品を訴求するときには何らかのメッセージ、キャッチコピーを使いますが、その際にどうしても機能や仕様を入れ込んでしまいがちです。よくあるのは、「厚さ○○ｍｍ、重さ○○kgと小型軽量」のような例です。しかしこれらは、仕様である数値やそこからくる特徴です。もちろん、この数値・特徴から「自分にとってのメリット」を結び付けられるユーザーもいますが、ユーザーの結び付けの能力に依存してはいけません。メッセージ自身でメリットを訴求するのが基本です。

例としてシャンプーの「メリット」で説明します。

「メリット」は１９９１年に花王が発売したシャンプーのメリット、リンスインシャンプーとして今でも主力となっているロングセラー商品です。花王はもちろん大企業ですが、セールスメッセージのつくり方という意味では、とても参考になる例なので、紹介します。このメリットのＴＶコマーシャルは、女優の石田ゆり子さんの出演ですが、発売してしばらくして、ちょっとおもしろいコマーシャルが放送されました。なぜかそのコマーシャルがとても印象に残っています。

そのコマーシャルでは、「リンスの『いらない』メリット」というキャッチコピーが書かれた広告を、石田さんが「リンスの『効いてる』メリット」に書き換えるのです。

さて、この2つのキャッチの違い、「いらない」と「効いてる」について考えてみます。

当時の若い女性は、身だしなみとしてフケをとても気にしていました（いたそうです）。そのためフケが出ないようにリンスを併用していました。つまり、髪のケアとしてまずシャンプーで洗って一旦流した後、リンスをつけ、しばらく置いて流すという、ある意味二度手間をしていました。

リンスインシャンプーの「メリット」を使えば、シャンプーのときにリンスが「効いてる」ので、わざわざリンスをする必要が「いらない」ことになります。

ここで、ユーザーとしての「メリット」のメリットは何でしょうか？

「わざわざリンスをする必要がない」ことです。つまり「手間を省く、時間を節約する」効果を期待しているのです。当時の若い女性がどれくらい忙しかったかはわかりませんが、二回髪を流す手間を掛けなくてよいのは魅力だったのでしょう。

片や「効いている」というのは機能、仕様です。ユーザーにとっては実は「効いているか効いていないか」というのは、直接的には関係なく、同じ効果が得られればよいのです。ユーザーにとってはあくまでも、「二度洗い流す手間がなくなる」ということがメリットです。

リンスをわざわざ手間を掛けてする目的は、「フケを抑える」です。同じ目的が達成できるのであれば、「手間が掛からない」方法を選択します。ユーザーの使用目的を考え、そのメリットは何かを明確にして、それをメッセージにすることで、ユーザーに直接響くようになります。

「効いてる」と「いらない」の言葉上の違い以上に、メッセージとしては大きな違いといえます。

■ＢｔｏＢでも「心に響かせる」

ＢｔｏＢの産業製品では、ユーザー（購入者）も専門性を持っていますから、「機能からメリットへの変換」はしてもらいやすいのは事実です。「部品が小さければ、製品も小さくできる」というのは当然思いつくでしょう。それでも競合の情報があふれている、展示会などで、一瞬で興味を惹く必要がある場合などは、メリットが直接メッセージに組み込まれていることが重要です。

実際にコンサルティングした例です。道路などの照明用の電源装置なのですが、小型化して構造を工夫することで、既設の照明柱にもそのまま設置できる製品です。他社製品は、照明柱の横にわざわざ箱を置くか照明柱自身を専用に建替える必要があります。

この場合、「小型化した寸法と構造」が機能・仕様で、「既設の照明柱にそのまま設置できる」がメリットですが、これが、本当にユーザーがこの製品を採用する理由になるでしょうか？　最終的には「既設の照明柱を使えることでのコストの削減、工期の短縮」が目的でありメリットになります。道路の照明柱を建て替えると、１００万円以上で、工期も月単位で掛かるそうですが、そのまま使えば、設置の作業費だけで済み、大きなコストダウンとなるためです。

カタログでは、「コスト削減・工期短縮」が小さく記載はされていましたが、より目立つようにしてもらいました。

普通では最終的に「（時間の短縮も含めて）コスト削減」に帰着します。メッセージを考える際には、最終的なユーザーのメリットは何かを突き詰めてください。

2　代理店販売を活性化するコツ

■代理店を販売網に組み込むことは必須

リソースの少ない中小企業にとって、代理店を販売網に組み込むことは必須でしょう。営業が数名であれば、全国をカバーするのは厳しいでしょうし、各地方の拠点に営業所を持つ規模、営業担当者の人数がいる企業でも、津々浦々をしっかりと販売活動ができるケースは少ないのではないでしょうか。

そこで全国、あるいは自社がアクセスできない地域に関して、代理店を通しての販売に期待をすることになります。ところが、代理店を通した販売が期待通り、期待以上になることは稀です。最初は「いいですね、結構売れますよ」と言ってくれた代理店の担当者もそのうちなかなか連絡も取らなくなってきます。

■代理店の立場で考えてみる

なぜ代理店販売が期待通りの成果にならないのか、まずその要因を代理店の立場から考えてみましょう。

代理店と言っても、千差万別です。全国・多くの業種製品をカバーする大手代理店から、地域を絞り密着している代理店、数名で個人に近い形で動いている代理店もあります。また、どこまでの活動をカバーするかについても代理店ごとに違っています。ある代理店は見込み顧客を見つけて紹介をし、別の代理店は受注まで請け負います。サポートまで行う代理店もあります。

このように代理店ごとに状況が異なるわけですが、共通しているのは、「自社以外の製品も販売している」ということです。自社のように営業リソースの不足を補うために同じように製品の販売を依頼するわけですから、代理店としては、多くの企業の製品を扱うことになります。

すると、そのままではどうしても一番売りやすい、楽に利益を得られる製品の販売に力が入ってしまいます。代理店としても利益を出さなければいけないわけですから、ある意味当然です。言ってみれば委託している企業の間での「代理店の営業担当者の時間の取り合い」です。

代理店営業を活性化して販売を増やすためには、このことを念頭に置いたうえで、いかに代理店の営業担当者が動いてもらうようにするか、がポイントになります。

■継続的な情報提供

契約後も定期的に継続して情報を提供することは、最も重要な行動です。契約の前後には製品の説明や顧客の情報など、営業活動に必要な情報を代理店に提供したり、場合によっては説明会を開催したりすることもありますが、その後も継続しなければなりません。

継続して情報を提供する目的は2つあります。

【図表29　エビングハウスの忘却曲線とリマインドの効果】

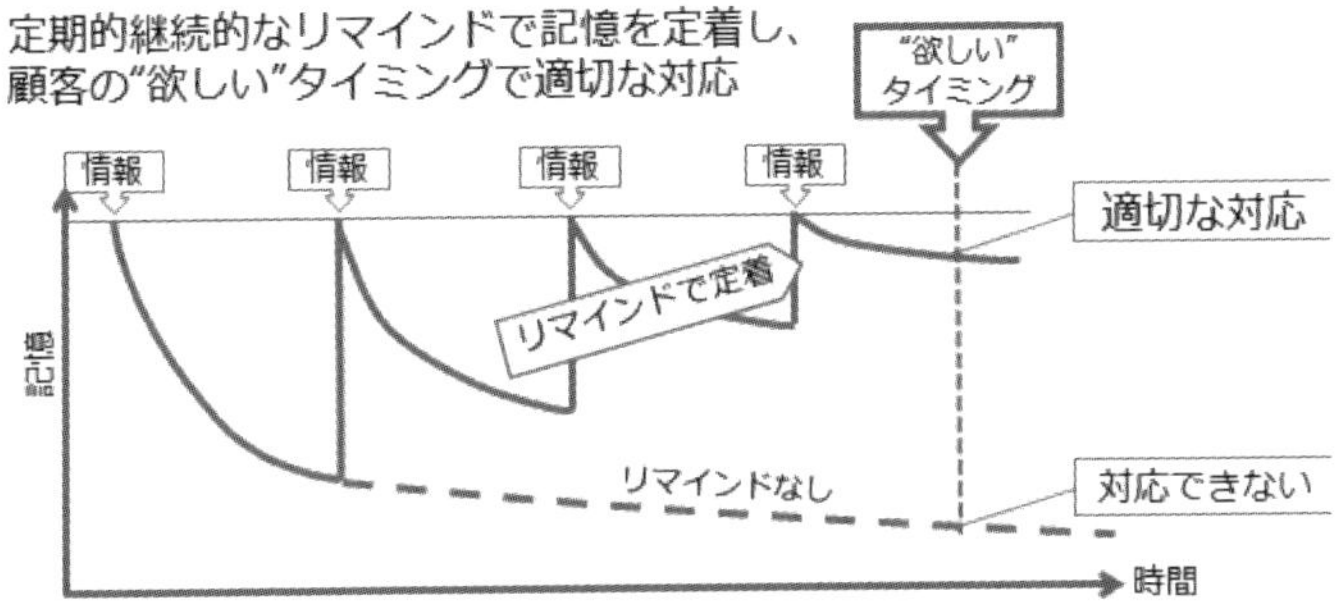

①代理店営業担当者のアテンション（注意、注目）の維持
②継続した製品知識の維持・補充

契約当初には、「新規の取扱製品」ということで、代理店の中でも注目され、製品の特徴や利点、売り方などを理解し、力を入れて販売活動をしてもらえるのかもしれません。その間に販売実績ができればよいのですが、なかなか売れない状況が続くと、他の製品の商談の中に紛れていき、せっかく理解してもらった製品の情報がだんだん薄れていきます。そうなると、可能性のある案件や顧客に出会ったとしても、即座に紹介してもらうことが難しくなってきます。そして更に記憶が薄れていくという悪循環に陥ります。こうなると、販売を期待できるどころではありません。

このように状況になるのを避けるには、定期的に情報を提供し、「自社の製品」を思い出してもらうことです。リマインドです。リマインドを繰り返すことにより、少しずつ記憶の薄れ具合が小さくなっていき、定着していきます（図表29）。

定期的な情報提供は、依頼する側の「売ってほしいという熱意」を営業担当者に伝えることになります。接する回数が多いほど好印象を持つようになるザイオンス効果＝単純接触効果です。

営業の世界では「訪問回数の法則」として、「とにかくお客様のところに足を運べ」と言われていますが、同様の「接触」を代理店の営業に対して行います。それにより、営業担当者の記憶がリマインドされて定着していき、熱意も伝わり、見込み顧客が必要性を認識したタイミングで、即座に適切な対応を取ってもらえるようになるのです。

私が大手計測機器メーカーで、販売促進担当だったときの話です。メーカー自身は大手だったのですが、代理店での販売となる地域も多く、アメリカでも州によっては営業担当数名の代理店が担当するというところもあり、中小企業にとっての国内での代理店販売の状況と根本的には同じです。アジアも国によってはすべて代理店経由でした。まさに代理店営や業担当者の時間の奪い合いという厳しい状況だったわけです。

そうなると、会ったことがない担当者に販売をしてもらうことになります（もちろん、代理店販売に限ったことではないですが）。そして彼・彼女たちは他にも売る製品をたくさん持っているので、いかに自社の製品の販売に注力してもらうかが重要でした。

そのため、自分自身で代理店（の営業担当）に、ほぼ月に1回は何らかのメールを送っていました。顧客訪問に同行したり、重要顧客を担当している代理店営業には、ときには直接電話を掛けたりこともあります。

■月に１回、輪番制で負担軽減

では、どれくらいの頻度で、どんな情報を、どのようにして少ない負担で用意すればよいのでしょうか？

頻度は、基本は製品の商談の期間（引合から契約まで）に応じて、決めればよいでしょう。ＢtoＢの製品で商談期間が数か月から1年であれば1か月に1回、数年に及ぶのであれば、２か月に１回程度でも充分でしょう。逆に1か月以内に商談がクローズする製品やＢｔｏＣの製品などでは、週に1回程度が効果的な場合もあります。

提供する情報は、その製品の次のような内容です。

●一部の機能・仕様の説明
●こんな分野で、こんな形で使われているというアプリケーション情報
●こういう顧客が購入した、という販売情報
●製品の開発での苦労
●製品の仕様を確保するための製造上の工夫

私が勤務していた中小企業（社員数20名弱）では、このような情報を、開発部→営業部→開発部→製造部の輪番制で月に1回、Ａ４で1枚のアプリケーションノートとして提供としていました。各部署に2〜4名居ましたから、この頻度であれば何がしかの情報をつくることは可能で、用意する負担をかなり軽減できます（図表30）。

【図表30　代理店販売を効果的に活性化する】

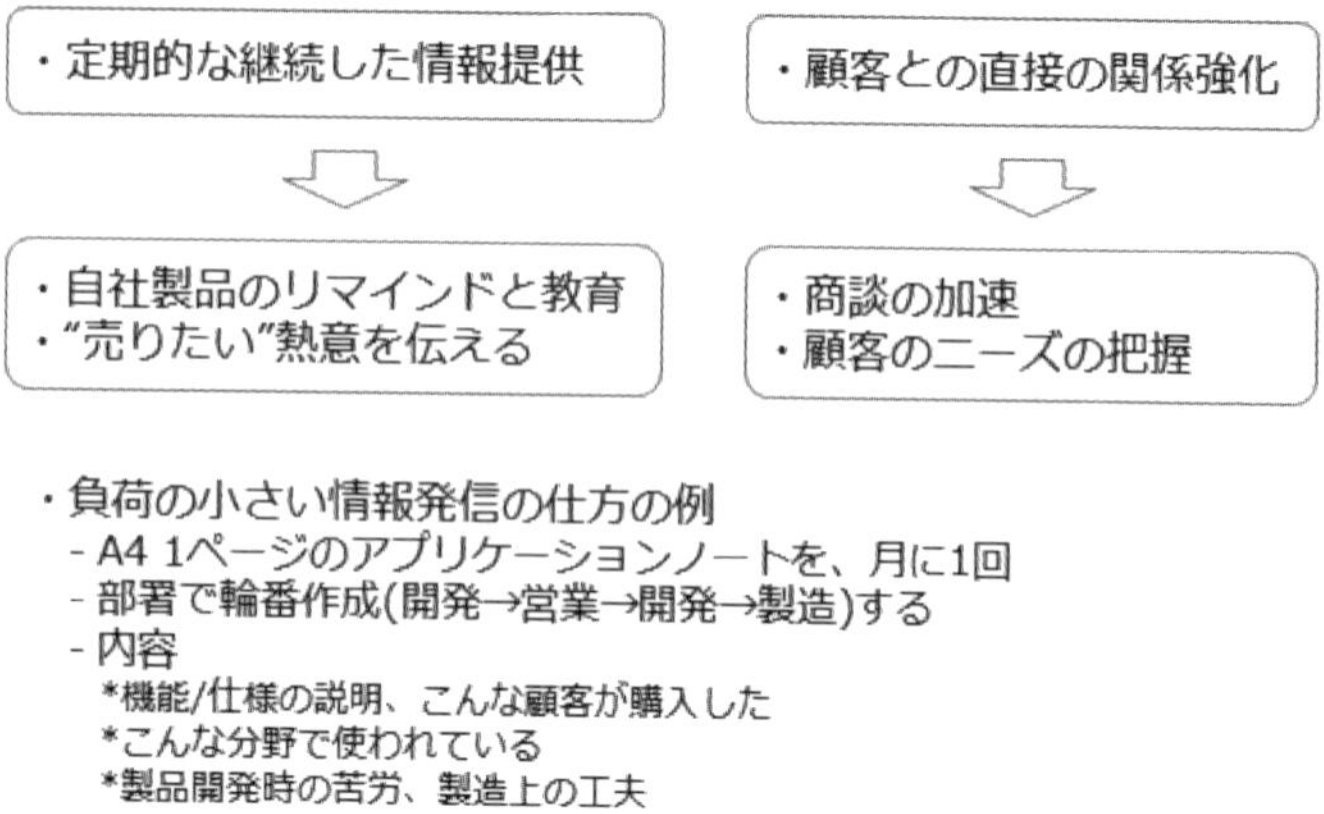
・定期的な継続した情報提供
・顧客との直接の関係強化
・自社製品のリマインドと教育
・"売りたい"熱意を伝える
・商談の加速
・顧客のニーズの把握
・負荷の小さい情報発信の仕方の例
- A4 1ページのアプリケーションノートを、月に1回
- 部署で輪番作成(開発→営業→開発→製造)する
- 内容
*機能/仕様の説明、こんな顧客が購入した
*こんな分野で使われている
*製品開発時の苦労、製造上の工夫

もちろん、代理店の営業担当にとって有益な情報でなければならないのですが、製品の理解を深める・理解を維持するために、製品仕様をしっかりと説明する、という情報も有益です。

このようにして、代理店の営業担当者に対して、定期的に継続して情報を提供することで、営業担当者にリマインドを掛けるのと同ときに、営業担当者が顧客に会いに行く材料提供にもなり、顧客が「欲しい」というチャンスを逃すことなく、販売につなげてもらうことができます。

■自社と（見込み）顧客との関係の維持と強化

いくら販売を代理店に委託していると言っても、顧客との直接の関係を疎かにしてはいけません。商談の進捗などによっては、代理店担当者に同行して顧客を訪問して、製品の説明を行う場合もあるでしょう。それにより、商談の進みを把握したり、営業担当の記憶のリマインドや新しい情報の習得にもなったりします。

また、有力な見込顧客がいるということであれば、直接の商談だけではなくニーズの把握として同行訪問するということも必要です。

代理店によっては、取扱製品をまとめた説明会を顧客向けに開催することもありますので、そのような場に参加して、直接顧客との関係を強化することで、代理店担当者に「自社の製品を売る意志の強さ」を見せることができます。

■継続した情報提供に便利なメールマガジン

用意したアプリケーションノートなどの情報は、郵送による配布やメールでの送付もよいのですが、メールマガジン（メルマガ）という形で、定期的配信の仕組みをつくりあげると配信＝情報提供が楽になります。今では低価格のメルマガサービスが多数提供されていて、１か月１０００円台から利用可能です。

メルマガは、代理店向けだけでなく、直接顧客への情報提供の手段としてもとても有効です。代理店の承諾の元、顧客をメルマガに登録して、直接配信します。

リマインドの方法として有効で便利なメルマガですが、実は実際に実行している企業は多くありません。「メルマガをやりたいと思っていて実際に始める人は10人に1人、更に継続できている人は更にその10人に1人」（株式会社アイ・コミュニケーション　平野友朗氏）だそうです。とくに中小企業では実施しているところが少ないのですから、実施・継続すればそれだけで他社より抜きんでることができて、代理店や顧客に対しての存在感を高めることになります。

3　展示会を有効に活用する方法

■展示会活用のポイント

展示会は中小企業にとっても有効に活用したい場です。住宅・防災・おもちゃ・文具など、特定の分野・業界に絞った展示会は、頻繁に開催されており、製品のターゲットでありながら、まだ製品を知らない人たちが、集まってきてくれます。リソースが少なく自社での集客や営業に限界がある中小企業では、活用しない手はありません。

しかし、展示会の出展自身にも、出展料、ブースの設計製作費などの直接的なコストはもちろん、社員の動員などリソースが必要ですから、いかに出展を有効に結果＝売上に結びつけていくかが重要になってきます。

そのポイントは次の2つです。

①事前準備
②フォローアップ

この2つの面から説明していきます。

■事前準備を入念に

高い効果を得るための第一のポイントは、「目的と目標を明確にする」ことと、その目的に沿った事前準備をしっかりと行うことです。

展示会出展の目的は、一般的には次の３つです。

①新しい見込み顧客の獲得
②会社・製品の認知度の向上
③既存の顧客・見込み顧客との関係強化

このうち「認知度の向上」は、中小企業では目標とするのは原則として避けるべきです。認知度は定義そのものがあいまいです。展示会出展の目的は、見込み顧客を増やし、最終的には受注＝売上につなげることですから、より具体的で結果に近いところを目的とすることが必要でしょう。

また、認知度向上を目的とすると、メインのメッセージなどブースづくりが、どうしても社名や製品名などが目立つことになりますが、来場者は知らないのですから、気にもしませんし、わざわざ足を止めることはありません。認知度向上を目的とすると、結局は来場者の記憶に残ってもらうことも難しくなってしまうのです。

新しい見込み顧客の獲得は、最も期待するところで、ポイントは、「将来の顧客となる可能性が高い」かどうかです。展示会の目標としてよく使われるのが「獲得名刺数」です。その中に有力な見込み顧客が含まれているわけですから、名刺数は重要ですが、あくまで中間的目標であり、最終目標ではありません。とにかく「名刺を取る」という状態にならないようにする必要があります。

準備としては、「可能性の高い見込み顧客」の定義を決めて、共有しておくことです。「可能性がある」とは、自社の製品が解決できる課題があるかどうかで、既に課題を認識している場合と、今はわかっていないが潜在的に持っていていずれ気がつくはず、という場合があります。

「可能性の高い見込み顧客」の定義としては、

●「自社製品が解決できる課題を持ちうる業界・職種・職務・業務内容か？」

ということになります。これらを展示会の内容・来場者の属性に合わせて、明確にして共有しておきます。

また、今現在は課題として認識していない、必要がないとしている場合には、持ちうる課題をリストしておき、「○○という課題はありますか」、「○○のようなことで困ることはありそうですか」という質問を用意しておき、潜在的な課題を意識させる、ということが有効です。

■来場者の心と時間をつかむメッセージ

出展ブースづくりにメインのメッセージはとても重要です。自社・自社の製品を知らない来場者は、何もなければブースの前をそのまま通り過ぎていきます。小規模なブースであれば通り過ぎる時間は1秒もあるかどうかです。その一瞬で目を留め、認知をしてもらい、興味を惹いて、ブースをのぞこう、話を聞こう、資料をもらおうと思ってもらわなければなりません（図表31）。

【図表 31　購買行動モデルとメッセージ】

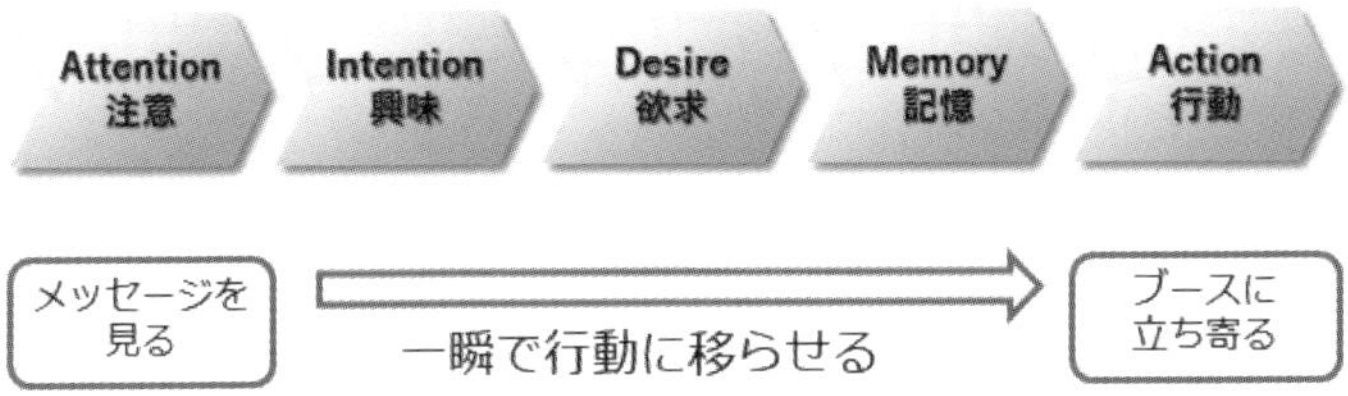

そのためには、真っ先に目に入るメインのメッセージで、来場者自身が「自分に関係しているかもしれないブースだ」、「自分の課題を解決してくれるかもしれないブースだ」と思わせる必要があります。

メインのメッセージには、顧客が持ち（持っているはず）、自社の製品が解決できる「課題」を入れ込みます。製品が、「作業効率向上」、「ミス削減」、「品質の向上」、「コストダウン」、「納期短縮」などの課題解決に貢献することをメッセージの中に「明確に」入れ込みます。はっきりと入れ込まないと一瞬で心をつかむことはできません。

ある展示会で、なかなか面白い、興味ある製品を出品しているブースがありました。新しい画期的な製品ということで、メインのボードには大きく「○○と△△の融合！」と書いてありました。私自身は、その組合せが面白そうだったので、詳しくお話を聞きました。するとその製品は物流作業の中で「作業効率を向上させると同時に、作業ミスを削減」するという、物流での大きな課題を解決する画期的な製品でした。

ところが、そのメインメッセージからはその画期的なところがすぐには伝わってきません。「融合」から「効率向上」、「ミス削減」まで変換が必要ですが、ブース前を通る一瞬で変換ができる来場者はほとんどいません。これらの課題を解決したいと思っている来場者は多いはずなのにです。

お話を伺った営業の方に、「メインボードのメッセージとしては、この解決できる課題を大きく訴えるほうがよろしいのではないですか」とお話したところ、「昨日来た社長にも同じことを言われました」とのことでした。ブースをつくってからでは、ボードを入れ替えることはできません。準備の段階で、しっかりとメッセージをつくり込んでおけば、目的である「可能性の高い見込み顧客」を桁違いに獲得することができたはずです。

■クラウドツールで素早いフォロー

展示会が終了した後のフォローが確実な効果を得る重要な行動になります。フォローの内容も重要ですが、素早くフォローすることが必要です。

展示会終了3日後まで、遅くとも1週間までには、電話、あるいはメールでのフォローはするべきです。来訪者の記憶がまだ鮮明なうちにリマインドするため、ブースへ来ていただいたお礼の連絡をしましょう。

実は来場後にお礼のメールを出す企業は多くありません。私自身も展示会に行き、多くのブースで話を聞きますが、その後にメールをもらうのは20％程度です。３日以内に受け取るケースはまれです。これはコンサルタントとして独立した後でも、独立前に企業人として展示会に行った場合でもほぼ同じです。

このことは逆にすぐにメールでもフォローすればそれだけ、他社に一歩先んじることができ、来場者の印象がよくなることを示しています。

獲得した多くの名刺から、即座にフォローのメールを出すために、クラウドツールの利用がとても便利です。１枚１枚、会社名・お名前・電話・メールアドレスをリストにして……では日が暮れてしまいます。

最近では、クラウドの名刺管理サービスがとても便利で安く使えるようになりました。ＡＩを使いスマホで撮影するだけで、数秒で情報が登録されるサービスが数多く出ています。読み取って登録された情報はダウンロード可能です。

メールの配信は、やはりクラウドのメールマガジンサービスを使うのが効率的です。文面のテンプレートをつくっておけば、ダウンロードしたリストを配信リストとして読み込ませることで、素早くお礼のメールを出すことが可能です。

名刺数や配信数によりますが、月額で２０００円くらいからの費用なので、中小企業でも大きな負担にならず、効果は大きいと思います。

■継続フォローで「いずれ」のタイミングを待つ

展示会での新規見込み顧客のほとんどは、今すぐに課題解決が必要だというわけではなく、「いずれ課題を解決しなければいけない場面に直面するだろう。そのときのために解決できそうな手段を知っておきたい」という情報収集が目的です。

そのため、見込み顧客が解決手段を必要とするタイミングになったときに、自社の製品を真っ先に思い起こしてもらわなければなりません。そのために、そのタイミングまで見込み顧客の自社製品への認知を時々リマインドしつつ、維持していく必要があります。前節で述べた代理店への対応策と同じです。

定期的に営業担当者が訪問するのもよいのですが、リソースが少ない中小企業ではなかなか案件としての確度が上がらないと、難しい場合もあります。

そのようなときに効果的なのがやはりメールマガジンです。前節で代理店に対しての定期的な情報提供が必要と説明しましたが、見込み顧客に対しても同じです。頻度は製品の内容にもよりますが、1、2か月に一度で充分です。内容も簡単に、別の展示会への出展の案内や、仕様の説明、顧客の事例の概要など、です。

今はメールマガジンのサービスも多く出ていて、専門的知識がなくても簡単に発信が可能です。その見込み顧客が、メルマガを読んだか・開封したかや、中のリンクをクリックしたかもわかります。購読者から直接連絡があったり、リンククリックがあったりしたときに、電話や訪問などの次のステップに移行すればよいのです。

「いずれ」のタイミングを逃さないためにも、定期的なリマインド、コスト・手間のかからないメールマガジンは展示会を有効に、結果につなげるためにも活用したい手段です。

■見込み顧客獲得だけでない活用法

展示会の活用は、来場者に対してだけではありません。実は一緒に出展している企業に対してもうまく活用することで、販売や開発につなげることができます。

展示会はある共通のコンセプト・目的で、出展企業が集まっていますから、競合でもあると同ときに、顧客となり得る企業や協力・協力できる企業が一堂に会していることになります。自社の売り込みだけでなく、その様な視点で出展した展示会の会場を回ることも有効です。

先に例を挙げたイズミの泉社長はその視点が明確で、実際にある展示会で向かい側のブースの担当者と話をしていて、お互いにプラスになると直感し、現在は共同開発のパートナーとなっている企業を見出したりしています。

展示会は、顧客となるべき来場者も集まってきますが、関連する企業も集まっているのですから、このような視点で、活用を考えることも必要です。

4　効果的な売込み先の見つけ方

営業活動の中で、何度も訪問するなど労力を掛けてもなかなか成約に結びつかない場合、売込み方だけでなく、売込み先、つまりコンタクトしている先自身が適切でない場合があります。一般的に「使用者＝購入者」ではなく、場合によっては「購入者＝購入決定権者」ではないと考えておくべきです。

わかりやすい例では、ランドセルの使用者は子供ですが、購入者は実は祖父母の割合が高いです。そして何を購入するかの決定は（もちろん子供の好みが効きますが）、親の考えが大きく影響します。祖父母はお金を出すが口は出さない、親は実用面も含めて判断し、最終決定するということになります。

実はランドセルの販売が一番多い月は8月です（一般社団法人　日本鞄協会　ランドセル工業会調べ）。お盆の帰省で祖父母・親・子供が一堂に会すタイミングで購入するからです。したがって、ランドセルの広告宣伝や販売強化は、お盆とその前にピークがあり、購入者の購買意欲の高まっているタイミングに合わせています。

2つのケースに分けて適切な売込み先＝アピール先の見つけ方を考えていきます。

■ケース①：担当者が購入に前向きな場合

展示会などで製品を実際に使用する担当者と話をして、担当者がとても製品を気に入り、購入に前向きになるケースは多いでしょう。後日、訪問・詳細を説明して前向きな感触を持つことになります。

このようなケースの場合、当然注意しなければいけないのが、「購入の決定権者は誰か」です。話をしている担当者は「使用者」かもしれませんが、購入の決定権があるかどうかの確認が必要です。製品や状況にもよりますが、早期に購入決定の判断を行う上司なりにアプローチできるようにすること、あるいは購入判断の社内プロセスに乗せてもらわなければなりません。

担当者とは別に、製品の購入が相手の会社、部署にとって本当にメリットになるのか、方針や優先順位に合致しているかの確認を行います。

その上で、決定権者に対してのアプローチを行います。決定権者に納得してもらうために、担当者と一緒に協力し、担当者をサポートするという姿勢が必要です。

また、会社によっては購買などの他部署が最終的な決定権を持っている場合があります。相手先の購入決定のプロセス・実態を把握したうえで、決定権を持つ担当者・部署にそれぞれアプローチすることが必要になります。

とくに相手が企業で規模が大きいほど、決定への関係者が多く、情報の伝達や意思決定には時間がかかるのはもちろんのこと、判断の視点が異なるため、注意しなければなりません。

■ケース②：アプローチした担当者の反応がよくないとき

貢献できるとしてアプローチした部署の担当者の反応がよくない場合はよくあります。メリットの訴求の仕方ももちろんですが、アプローチの仕方・経路を今一度考えてみます。

例として、自治体・公共機関を考えます。製品によってはこれらの団体には何としても購入実績をつくりたいところなのですが、該当の担当者にいくら話をしても、なかなか進みません。このよ

【図表 32　購入の決定】

●“使用者　＝　購入者”　ではない
●“購入者　＝　購入決定者”　ではない
●「購入」は、購入決定という「行動」である

↓

「行動」をとってもらうために考慮すべきことは?
○その人(企業)にとってのメリットは?
○購入決定権者は誰か?
○誰に言われると「行動」するのか?

うな場合では担当者は外部からの要求にはよく反応します。例えば住民・市民、それも町内会・自治会などでまとまると、担当者も動かざるを得なくなります。

購入とは、誰かが「購入の判断・決定という行動をとった」ということです。つまり、その人（企業）に動いてもらうためには、どうなればよいのかを考えることが必要です。逆に言うと、「誰に言われると動くのか」ということです。

自治体などでは、住民・市民に対しての何らかのサービス提供が責任なのですから、その住民・市民から、しかも個人ではなく団体としての要望であれば、動かなければいけない、動くための理由づけになります（図表32）。

これは、民間企業についても同じです。購入先となる企業が購入決定の主体とは限りません。顧客企業の納品先（つまり顧客の顧客）に対してのアプローチも可能な場合には、とても有効な手段となります。

5　技術者の顧客訪問を販売につなげるコツ

■同行の目的の認識を合わせる

顧客第一・顧客密着というスローガンの名のもとに、いつもは製品開発を行っている技術者を顧客訪問に同行させたり、展示会に説明員として参加させたりということがよく行われています。しかし何の準備もなしでは、展示会場でも立っているだけだったり、製品仕様の説明や聞かれた質問に答えるだけだったりで、販売につなげることができません。技術者の側も、「開発を急がされているのに」という不満が残ってしまいます。

営業の側にも、「技術者を連れて行けば、顧客は満足する」とか「とにかく何か役に立つだろう」という漠然とした「期待」しかない場合も現実としてあります。私自身も顧客訪問に同行したとき、「何のために同行したのだろう」という疑問を感じたことも少なくありませんでした。「顧客に何かお土産がないと、顧客とは会えない」という営業もいれば、技術者が「できない約束をしてしまわないか」という懸念を持つ営業担当者もいました。

会社規模によっては、開発を担当している技術者が、営業技術や技術サポートを兼ねる場合も多いと思いますが、技術者、営業担当者の双方がこのような状況では、せっかく技術者が同行してもよい結果を得ることはできません。

技術者の同行を効果的に販売につなげるには、同行の目的などについて双方の認識を合わせておく必要があります。

■技術者を同行させる2つの側面と目的

まず、技術者の同行には2つの側面と目的があります

①企画：より深い顧客のニーズをつかみ、製品の企画・仕様決定に活かす

②販売促進：顧客の技術的疑問を解消し、信頼を得て、製品の購入意欲を高める

製品の企画の段階であれば、技術者が直接顧客と双方向でコミュニケーションを取ることで、顧客が認識している技術的な課題から、より深い質問などにより、潜在的な課題を引き出すことが期待されます。その結果を製品の機能や仕様の検討に活かすこと、活かすための情報を得ることが目的になります。

この場合、情報を必要としているのは技術者ですから、技術者の側から積極的に顧客訪問を依頼するべきでしょう。日頃からの顧客の声を聴いている営業担当者なら、積極的に手を上げて顧客訪問の約束を取ってくれるはずです。

ただし、注意しなければならないのは、偏らないことです。あまり積極的でない営業担当者に対しても、担当する顧客企業が製品のターゲットになっていたり、訪問企業の属性の多様性などから、必要と判断したりした場合は、必ず訪問を実現して情報を集めなければいけません。

【図表 33　自社製品の価値の考え方】

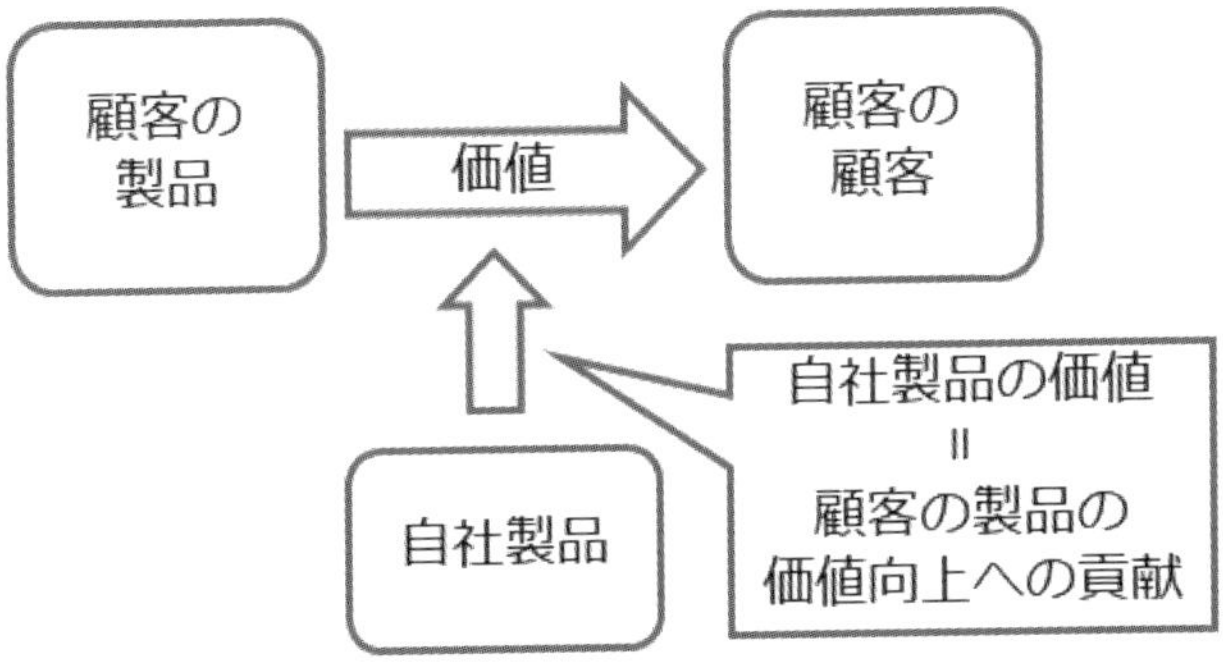

製品の販売段階においては、自社の製品がどのように顧客の課題を解決するのか、顧客の技術的な疑問を解消して、製品に対する信頼感、確かに自分の役に立つという安心感を与え、購入に対する壁を排除することが目的になります。まさに営業活動へのサポートです。

販売促進が目的では、事前に営業担当者から技術担当者に対して、訪問する顧客の状況や課題、要求について充分に説明しておくことが求められます。その製品の特徴、競合に対しての強みの中からとくにどの項目を訴求するのか、また想定される質問や逆に競合が強い部分を指摘されたときにどう回答するのかを、想定して準備しておくためです。

■自社製品の価値の認識を持たせる

企画と販売促進のどちらの場合でも、同行する技術者には1つの重要な認識を持つことが求められます。それは、「自社の製品は、顧客の製品の価値向上にどれだけ貢献しているか」ということです（図表33）。

当たり前のことなのですが、いつもは社内で決定された機能や仕様を実現することに集中している技術者は、自社製品の価値や顧客の製品について考えることが少なく、場合によっては考える必要がないまま開発作業を行うことになりがちです。

そのままの状態で顧客と会っても、企画や販売促進のどちらの目的も全く果たせないことになり、営業担当者にも技術者の双方にストレスが残ります。

営業担当者にとっては「当たり前」のことなのですが、その当たり前を認識しているかどうか、同行する前に確認しておくことは必須です。

■技術者の役割の認識

その上で、技術者にはその役割についても自覚してもらわなければなりません。技術者の役割は1つの表現として、「技術の翻訳者」と言えます。技術者は自社が持っている技術を使ってある仕様・機能を製品として実現します。その製品は特徴や強みを持っているのですが、それらは顧客の課題を解決する必要があり、顧客にメリットがなければなりません。それにより顧客はベネフィットを感じて購入を決定します。

技術者は、技術を製品という形を通して顧客の課題解決につなげることや、逆に顧客の課題解決からどんな製品、どんな仕様でそのためにどんな技術が必要なのかのブレイクダウンをしなければなりません。つまり顧客のメリットと技術に置換えるという、言ってみれば「翻訳者」という役割

【図表34　技術と顧客のつながり】

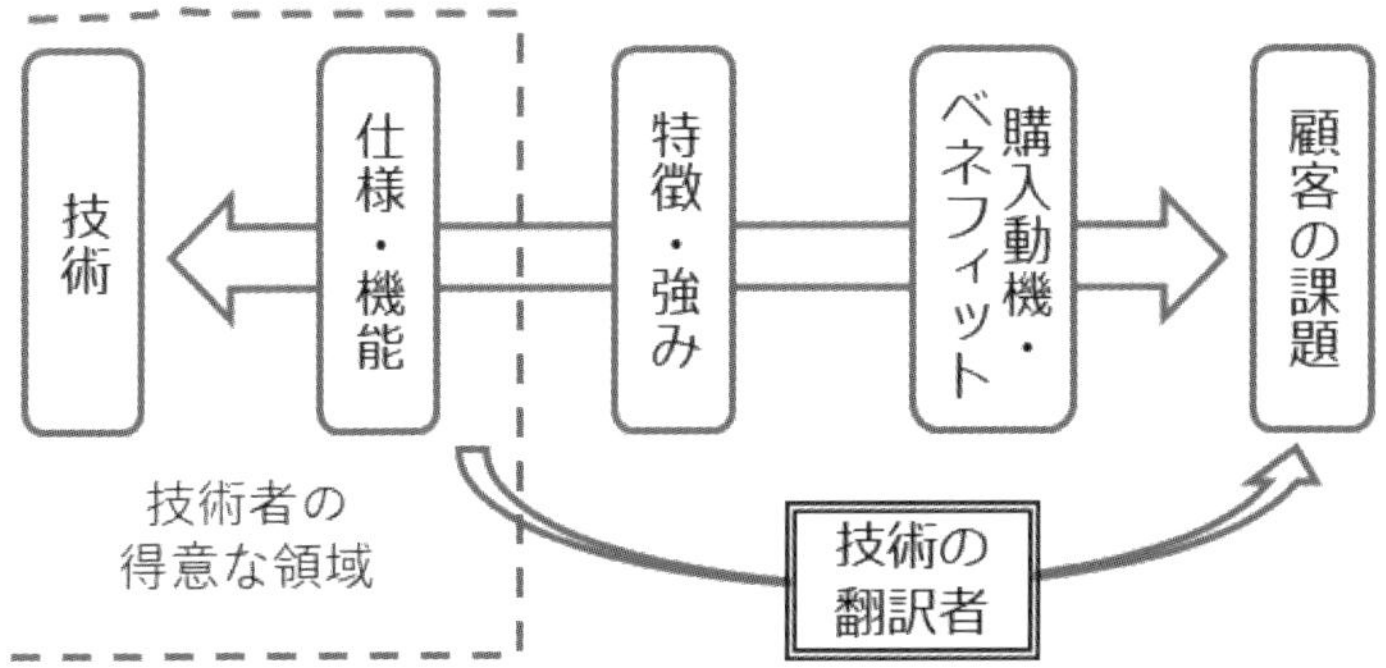

を果たしているわけです（図表34）。

この役割の意識は開発作業の中でも重要です。私があるクライアントの業務ＩＴ化についてコンサルティングしていたときですが、一部の機能についてエクセルＶＢＡでの機能実現が必要になり、得意な業者に作成を依頼しました。私が要求仕様をまとめ、実現方法のアイデアを含めてお話したところ、担当の方から「『技術の翻訳者』ですね」という言葉をいただきました。

お話をお聞きすると、課題に含まれているクライアントの言葉や状況を、設計や実装で使われる言葉に置き換えたわけですが、その置き換えのつながりが私の説明ではとてもわかりやすく、実装方法を明確にイメージすることができたそうです。

私自身、「技術の翻訳者」と言われたことは、１人の技術者だったものとしてとても嬉しく感じました。顧客の課題のブレークダウンを通して、技術と顧客をしっかりとつなぐことができたという嬉しさです。

■販売促進での営業担当者の心得

技術者の認識がしっかりしていることに加えて、営業担当者としても同行時に心得ておくことで、効率的に販売につながることがあります。

技術者が顧客に製品のよさ、いかに役に立つかを、機能・仕様や特徴や利点などを次々と説明していきます。なかなか顧客はその気にならないのですが、ある瞬間にぐっと身を乗り出す雰囲気になることがあります。表情が変わり、興味を持って逆に質問してくるという瞬間です。

営業担当者としては、そのときに「何が顧客を変えたのか」を捉えるようにしなければなりません。顧客を変えた技術者の説明や言葉、あるいは質問などで、いわゆるキラーワードは何かをつかみます。

そのキラーワードを使うことにより、別の顧客に対しても技術者の同行がなく、顧客の購買意欲を刺激できる可能性が高くなります。優秀な営業担当者は、顧客の反応を常にモニターして、キラーワードを次々につかんで、次の他の顧客への営業活動を効率的にし続けています。

実際に私も販売促進として、顧客訪問に同行し、新製品の説明をいろいろな言葉でしていたのですが、ある瞬間から顧客が急に質問をしてくるようになり、興味を持ってくれたのがわかりました。後で営業担当者からは、「あの言葉が効いたようだ。次から使わせてもらうよ」と言われたのが印象的でした。

せっかく、技術者を同行させるのですから、目的の確認と共有、技術者の意識、顧客の反応をみて、有益な情報の収集を行って製品の企画に活かし、効率的な販売促進につなげてください。

第5章　開発と営業の協力を高める体制づくりの秘訣

1　企画の責任分担を決めるために考えるべきこと

■新製品の企画はどの部署が担当するか

一定の規模であれば、製品開発プロセスが規定されている中で、明記されていることと思います。本来はマーケティングとして専任の担当者がいればよいのですが、中小企業ではなかなか難しいでしょう。多くの中小企業では、営業担当部署か設計開発担当部署のどちらかにしているのではないでしょうか。

実際のところ、新製品のアイデアを出すのは社内の誰でも構わないでしょう。営業担当が日頃の顧客との話の中から思いつくことも必要ですし、開発担当者も持っている技術からだったり、サポート等で顧客と接している中で、要求を聞いたり気がついたりすることもあるでしょう。そこからのアイデアは制限されるべきことではありません。

問題はそれらのアイデアを、誰が新製品の企画として取りまとめていくかです。

私が在籍した中小企業では、設計開発担当の部署が「企画書作成、提案」の担当部署となっていました。しかし実際には、新製品を求めるのは顧客と普段接している営業担当であるため、その要望を受けた設計開発担当部署の動きは鈍く、企画書の作成から提案までがなかなか進まない状況でした。

社長自身は、「企画書は誰が書いてもよい」と日ごろから言っていたのですが、アイデア出しと異なり、企画書は責任を伴う業務ですから、「誰でもよい」は「誰もやらない」と同じと考えるべきです。

製品の企画には考慮しなければならない、決める、あるいは想定しなければならないことが多くありますし、その前提として調査から始めなければなりません。それらを営業でも設計開発でも実務と並行して行わなければなりませんから、ハードルは高いです。したがって、お互いに押し付け合う形になりがちです。

誰が行うかということについては、社員10名以下の中小企業ではあまり問題にならないでしょう。誰、という選択肢がほとんどないためです。社員数が数十名から数百名程度で、各部署が数名から10名程度の規模の企業で問題になることが多いです。形としては組織化されているのですが、実態としては属人的に業務がされている状態です。企業が成長する際に変わらなければならない段階としてよく言われる規模です。

■企画に必要な作業を分割し、得意な、可能な担当者に割り振る

企画を行うにあたっては、調査から検討し、実現可能な案としてまとめていくのですが、その中身の作業を分割し、得意か、その作業ができる担当者に割り振るのが1つの解決策です。

調査においても、顧客を含めた市場調査は営業担当、技術的な実現性やコストなどの検討は設計

開発担当が行うなどです。

企画という業務については、設計開発担当部署が責任を持つとしても、その中の市場関連の調査は営業担当部署に明確に依頼するのをプロセス上も明記することで、どちらも実施しない、充分な調査検討ができないなどが防げます。

もちろん、最後は全体の整合性が求められるので、関係者の議論、検討になります。出発点である製品の企画で、停滞することがないように、それぞれの可能な作業として割り振るという考え方が必要なのです。

2　開発・営業で顧客像を効果的に共有する手法

■想定する顧客の範囲の違い

「この機能があれば、あの顧客に売れるのに」

「この仕様が不足していたから、購入してもらえなかった」

営業担当者がよく口にする言葉です。逆に開発担当者からは、

「なぜその客に売りに行くのか」

「そういう顧客をそもそも想定していないのに」

という声が返ってきます。

【図表35　想定する顧客の範囲の違い】

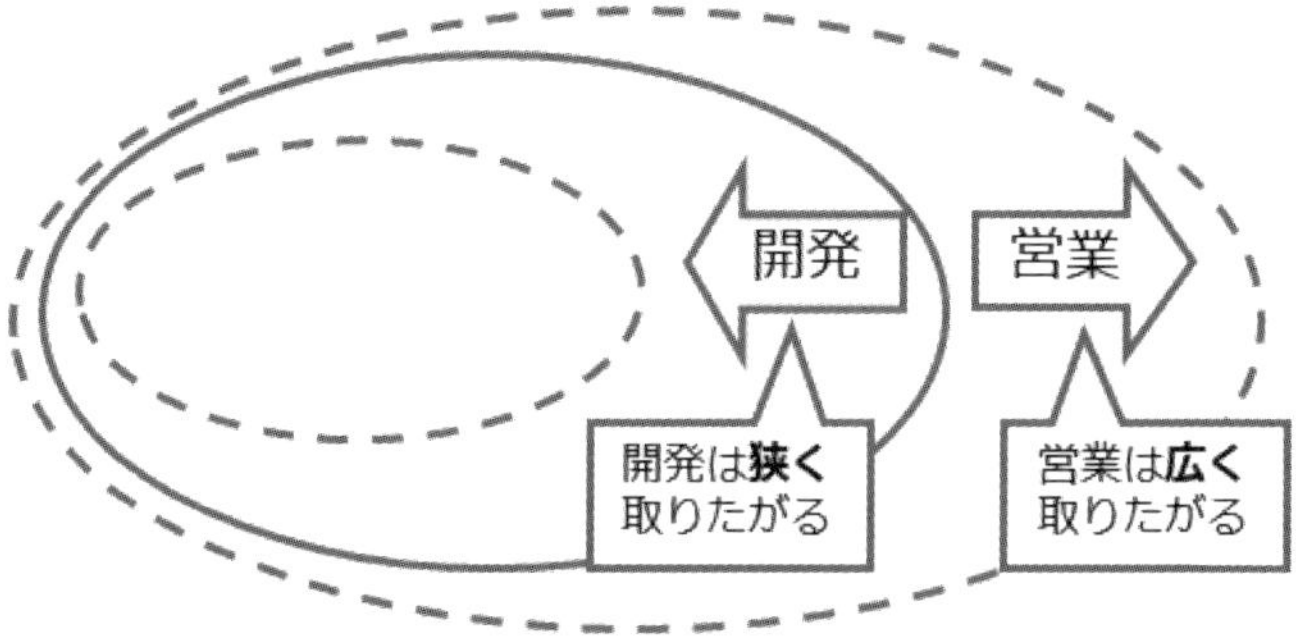

このようなやり取りはどの企業でも、どの製品でも多少はあるものですが、あまり多いと営業と開発の協力がスムーズに行われない状況になってしまいます。お互いへの不満・不信になってしまうケースもあります。

このようになってしまう原因の1つが、「想定する顧客の範囲の違い」です（図表35）。

営業は少しでも多くの顧客に売るために、範囲を広く取りがちです。一方、開発は顧客の範囲を狭い方向に取りがちです。そうすることでコストや想定しない使い方などのリスクを抑えるためです。

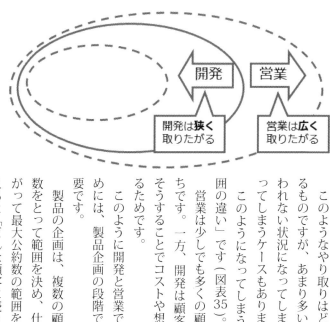

このように開発と営業で想定する顧客の範囲の差を埋めるためには、製品企画の段階で、充分にすり合わせておくことが必要です。

製品の企画は、複数の顧客の要求を「一般化」して最大公約数をとって範囲を決め、仕様に「具体化」する作業です。したがって最大公約数の範囲を決めなければいけませんが、言い換えると「どんな顧客に売りたいか・売れるか」という顧客の範

【図表36　製品企画と要求・仕様とのずれ】

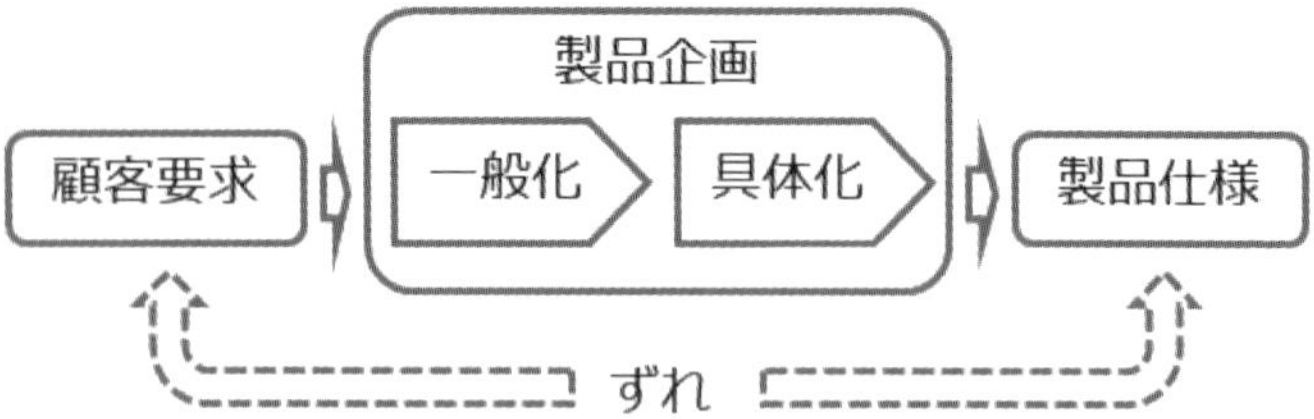

囲を決めていることになります。

この範囲をあらかじめ営業と開発で共有しておくことで、営業は適切な顧客に売り込むことができ、開発は適切なコストに抑えることができます。もちろん想定した顧客以外に売り込むこともあり、新規顧客の開拓や新製品への情報にもなりますが、「この製品の本来の顧客の範囲からは、少しずれている」との認識を持っていることで、仕様への不満はかなり軽減されます（図表36）。

顧客の範囲を共有するために有効な手段が「ペルソナ」です。一般消費者を対象に作成することがほとんどですが、B to Bの事業でも「企業ペルソナ」をつくり、企画や販売促進に活かすことができます。

■具体的な顧客像で共有する

ペルソナとは最近マーケティングで使われるようになってきた手法で、「顧客の具体的なモデル、主要な顧客のプロフィール」で、予め決めて共有することにより、企画や販売促進活動を効率的に行えるようになるとともに、必要充分な機能・仕様とすることができ、最適なコストでの開発を可能にします。

【図表 37　人物・企業ペルソナの属性項目の例】

【人物ペルソナの項目】
- 性別、年齢、会社/職業、年収、学歴、家族構成、住居、通勤、車
- 趣味、ライフスタイル、嗜好、購読新聞/雑誌、テレビ、Internet/SNS
- 困り事/悩み事、夢、挑戦したい事/目標

【企業ペルソナの項目】
- 所在地、創業年、社員数、業種/業態、年商/利益
- 社長/経営者、幹部、国内/海外展開の有無
- 顧客、組織/人員構成、営業形態(直販/代理店)、目標、課題

ペルソナの作成は、営業や開発担当者がそれぞれ持っている、「売りたい顧客、顧客が購入してくれそうな顧客」を想定し、それらの顧客の属性をリストすることから始まります（図表37）。

そしてそのリストを俯瞰し、共通項にまとめていき、実際にいそうな人物像・ありそうな会社像にしていきます（図表38）。

必要に応じて、統計情報などを参照して「いそうな・ありそうな」を確認します。

この手順は、まさに製品企画の「一般化から具体化」のプロセスと同じです。このプロセスを通して、営業と開発の間の顧客や仕様に対する共通認識ができ上がっていき、販売の段階でお互いへの不満・不信がなく、協力できる体制となっていきます。

ペルソナは、企画段階でその人物・企業の潜在的な問題点・課題をより深くあぶりだすことに使えます。またその人物・企業がどこにいるか・どこに行けば接触できて、どのように訴えれば購入を決断してくれるのかなどの想定から販売促進の面でも非常に有効です。

このように開発と営業の橋渡しとなるだけでなく、企画から販売促進や営業まで、一貫したブレない製品戦略の構築にも役立ちます。

【図表 38　企業ペルソナの例】

【ABC 技研株式会社】　本社：東京 23 区内

- 自社ブランド計測分析機器開発製造販売　創業 80 年　社員 150 名
- 年売上げ約 30 億円
- 社長は 3 代目、商社出身で、技術者ではない
- 事業内容
  - 輸入機器の販売、サポート
    海外メーカーの製品を社長が直接交渉、国内代理店契約を結ぶ
  - 自社ブランド製品の販売、輸出
    一部計測機器は 40 年以上前からの自社開発製品、輸出入はほぼ半々
  - 30 歳以上はほぼ中途入社、ここ 10 年程度は毎年 2-4 名の新卒を採用
- 組織構成
  - 営業部　　　　50 名(うち営業 40 名)
  - 開発部　　　　20 名
  - その他：製造部 30 名、品質保証部 5 名、総務/経理部 15 名
- 営業形態
  直販営業/代理店営業が、6：4、 標準品/特注品=7:3、国内/海外=8：2
  - 専任マーケティングはいない。マニュアルは開発部が作成
  - 老舗として業界内でのブランドは認知されている
- 開発形態
  - プロジェクトは単独、或いは 2～3 人、必要に応じて外注に委託
  - 開発プロセスは ISO 管理で規定、DR をステップ毎に実施
  - 企画は営業担当だが、実際は開発側作成(営業側で書ききれない)
- 顧客像: 理科系大学、メーカー、公的技術試験場、研究機関など
  - 理科系大学、研究機関: 入札が基本、事前に打合せが多い
  - メーカー：製品開発、品質保証、製造
- 課題
  - 売上げが伸びない、新規顧客が開拓できていない
  - 新製品が予定通り出てこない。予定より遅れる
  - 新製品の特徴が、営業の要求とずれていると感じている
  - 大口の顧客の獲得(競合からの切換え)が進まない
  - 担当営業間の連携/情報交換が足りない
    商品説明で良さを理解してもらいにくい

3　効果的な協力体制をつくるための情報共有のコツ

■要求仕様と製品仕様の情報共有を行うこと

前項で、開発と営業が上手く協力できるようにするための1つの方法、顧客像の共有について述べました。よりよい協力体制にするためには、もう一段の対応が必要になります。

開発と営業がどうしても対立してしまう点は、顧客の要求仕様と製品の仕様とのずれです。営業担当者は、どうしても自分の顧客の要求が中心になってしまいます。片や開発としては標準品として他の顧客の要求も含めた「一般化した仕様」として開発します。どうしても「自分の顧客」の仕様が１００％反映されているとは限りません。

仕様の一般化だけでなく、開発としては、コストはもちろん、納期・開発費なども考えなければなりません。

ズレはあったとしてもお互いに協力できるようにするために、要求仕様と製品仕様についての情報共有をしっかり行うことが効果的です。

■個々の顧客の要求と一般化した要求仕様の対応を取る

そのために、第3章で紹介した要求—仕様対応表（図表21）が有効です。もちろんこの表の要求

【図表39　顧客要求から製品仕様へのつながりと情報共有】

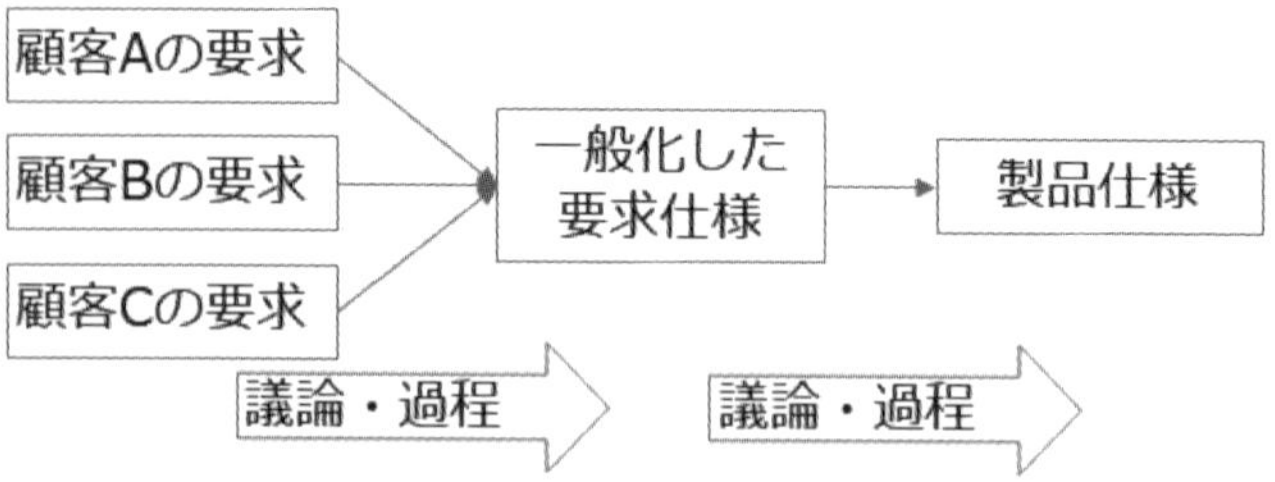

仕様は、多くの顧客や市場からの要求事項などをまとめ、一般化した後の仕様になります。

一般化するにあたって、個々の営業担当者の顧客の要求事項をまとめているはずですから、その過程、まとめ、グルーピングを記録して、情報として営業や開発と共有できるようにしておきます。

つまり、個々の営業担当者の顧客の要求と一般化した要求、そして製品仕様がトラッキングできるようにします。もちろん一般化した仮定でどんな議論が行われ、どのような過程である顧客の要求が含まれ、ある顧客の要求は採用されなかったのかがわかるようにします。

一般化や製品仕様への展開の議論に、なかなか営業全員が参加できないという場合も多いと思いますので、議論の過程を、参加していない営業担当も参照できるようにします（図表39）。

このようにトラッキングできるようにしておくことで、営業だけでなく、開発としても、もともとはどのような要求だったのかを、個々の顧客にまで遡って知ることができ、製品仕様の根拠を理解できます。

なかなか、このような議論の情報を残しているケースは少ないですが、共有化することで、誰もがアクセスできる場所に置かれることになり、その結果として、議論・検討の経過が時系列的にも共有されます。つまり、過去の製品開発での議論の過程をのちのち参照することが可能になるわけです。

このような議論自身が一種のノウハウです。したがって、これらの情報が時系列的にも共有されることで、ノウハウが蓄積されていくことになります。

4　有意義なデザインレビューにする方法

■ＤＲは非常に重要

開発プロセスの中で、デザインレビュー（ＤＲ）を規定している企業も多いと思います。ＩＳＯ９００１に関連して文書などで明記している場合がほとんどでしょう。また、明確に規定していない企業でも開発を進めるにあたって、「これで行こう」という判断を各ステップでしているはずです。

ＤＲを行う目的は、「その段階での品質が確保されているかを判断し、不具合・トラブルを以降のステップや市場で発生させないこと」です。開発中にトラブルが発生すれば、設計のやり直しなどどうしても手戻りが発生します。市場で発生すれば、顧客の信頼を失うことにもなり、どちらも大きな損失になってしまいますから、その歯止めとしてのＤＲは非常に重要になります。

中小企業とはいっても、規模も含めて状況が異なり、規定の内容、規定しているいないを含めてさまざまですが、何らかの区切りとしての「判断・決定」は行っているはずです。

【図表40　基本的な開発プロセスとデザインレビュー】

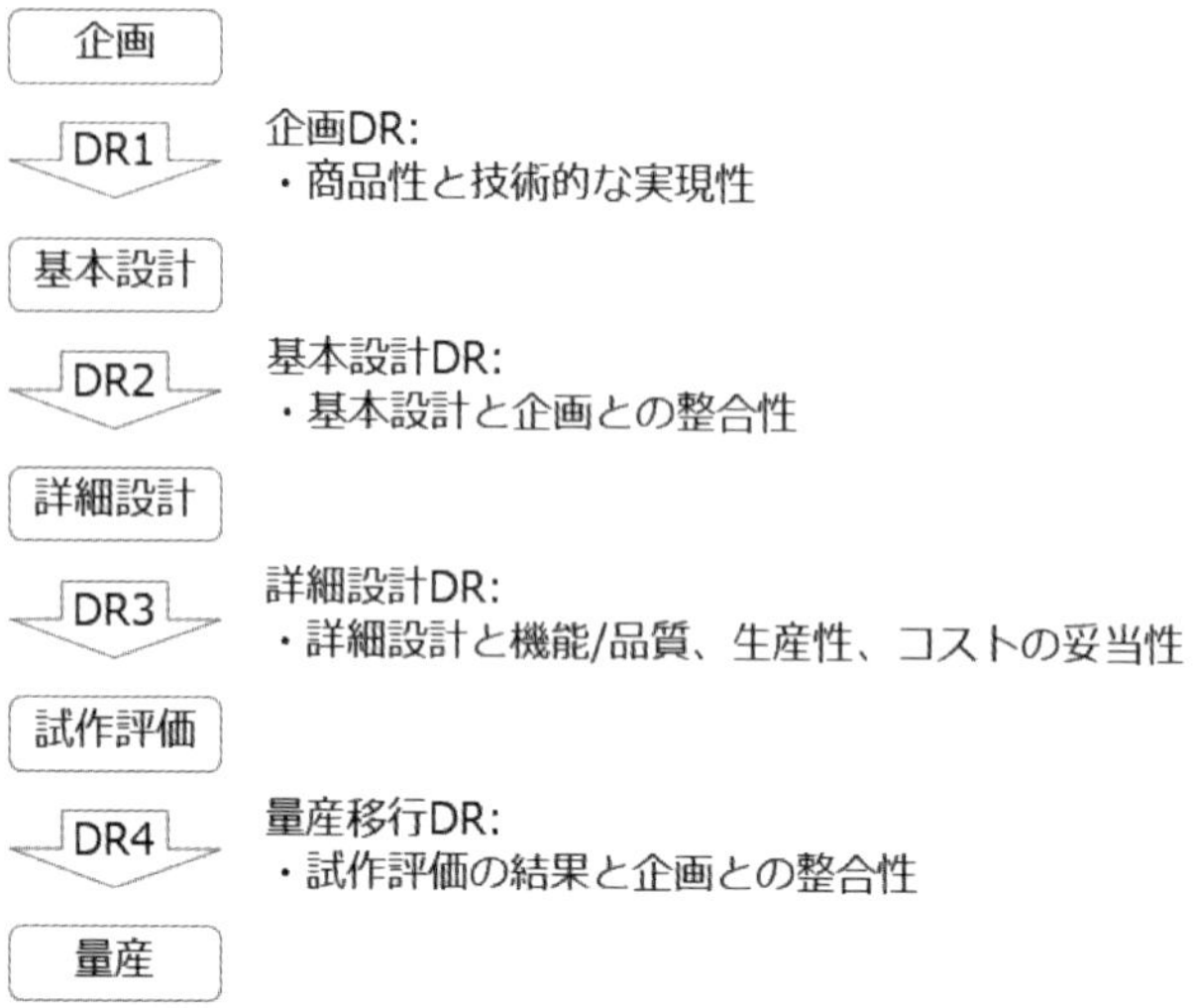

※ＤＲの定義や意味づけは、企業や状況によって異なることもありますが、本書では「製品開発プロセスの中で、次の段階に移行してよいかを審査・判断・承認する場」とします。

私が勤務していた大手計測機器メーカーでは、ＤＲを含めた開発プロセスの規定をつくるための専任部署があり、１つの製品プロジェクトの中では８〜９回のＤＲが規定されていました。プロジェクトの規模や内容により、スキップしてもよいＤＲもありましたが、さすがに中小企業でこれだけの回数を行うのは厳しいでしょう。実際には多くの企業は、各ステップでの判断する内容から、３〜４回のＤＲを規定していることが多いです（図表40）。

■有意義なＤＲにならない要因

このように重要なＤＲですが、しっかりと

【図表41　デザインレビューの目的と問題点】

デザインレビューの目的
- 次のステップに“進めるかどうか”を判断する
  - トラブルの元を持ち越さないように

デザインレビューの問題点
- 意見が出ない、議論されない
- 結論/判断が明確に出ない
- レビュアーの思い付きのみ
- ダメ出しに終始する

要因
- レビューの対象/基準が明確でない
- 必要な情報が伝達/理解されていない
- レビュアーと担当者の信頼関係が不足
  - 思い付き、各論に終始する
  - レビュー後のフォローが不適切

規定されていて、規定通りに実施されているにも関わらず、トラブルの元を排除しきれず（なかなか１００％は難しいでしょうが）、手戻りが発生し、開発が進まないという本末転倒の状況に陥っている場合もあります。

場合によってはＤＲ自身を何度も繰り返すようになってしまいます。

ＤＲが目的を達成していない、有効に機能していないと感じている開発担当者・管理者、そして経営者は多いはずです。

問題点としては、次のような点が挙げられます（図表41）。

●意見が出ない、議論がされない
●結論・判断が明確に出ない
●各論に議論が終始する
●議論が堂々巡り
●ダメ出しに終始して、次にすべきことが決

まらない

●ＤＲの結論・決定がいつの間にか変わっている

このようになってしまうのは、次の要因が考えられます。

●ステップに応じたレビューの目的、対象・判断基準が共有されていない
●必要な情報が伝達・理解されていない状態で行われている
●レビュアーと主催する担当者の信頼関係が不足している
●ＤＲに対する重要性の認識がずれている

■適切な判断のできる情報を提出すること

開発管理規定などで、各ステップでのＤＲの目的は記載されていますが、実際には具体的でなく、「考え方」として記載されている場合がほとんどです。

例えば、企画段階で、「設計開発のための情報の適切さを確認する」や「製品のビジネス性・実現性を確認する」と規定されていますが、実際に個々の製品開発プロジェクトでは、具体的に、「何をどのように判断するか、そのための情報」を示さなければいけません。

そのために、準備すべき項目や資料などがチェックリスト的に規定されている企業も多いですが、資料の用意だけに終わってしまって、実は何をレビューするのかという根本が、担当者とレビュアーとの間で認識のずれが発生している場合もあります。

判断の基準も、すべて数値でなくてもよいですが、認識がレビューする側とされる側でずれていると、提示される情報そのものからずれてしまい、適切な判断につながりません。

判断は、必要な情報を正しく把握した上で行うべきなのですが、充分でしょうか。資料がレビューの際に初めて配布されるのは論外なのはおわかりだと思いますが、レビュアーが資料を見て理解・租借し、疑問・質問や不足情報を認識しておくだけの期間は必要です。レビュアーはそれにより、回答・説明により、即座にどのような判断をするかの判断フローを、あらかじめ思い描いておくことができます。資料の後で説明されている内容について、途中での質問になったり、一瞬の思い付きでの質問や意見が出てきたりすることを防げます。

ＤＲが単なる資料の読合せの場になることを避けることができるなど、資料の準備は大変ですが、それによりレビュー自身が効率的で、有意義になるのですから、事前に余裕を持って行うようにしてください。

もちろんレビュアーもそれに応えて質問や判断フローを用意しておくべきです。それにより相互の信頼を強めることができます。

■決定・判断を勝手に変更しないこと

信頼と言えば、非常によくないのが、レビューでの決定・判断を勝手にあとで変更する・変えた解釈をすることです。私の知る社員１００名程度の企業の話ですが、レビュアーである社長がＤＲ

の数週間後にレビューでの結論を変えてしまっていました。その変更はプロジェクトのメンバーにはすぐには知らされず、1週間以上経ってからで、なぜ変更したのかの説明もありません。

変更を知るまでには、決定に従って作業を進めていたわけですから、その作業の少なくとも一部は無駄になり、期間的にも余計な時間を使ってしまうことになります。これでは、レビューでの発言や議論に対しての信頼がなくなってしまいます。

その企業では、そのようなことがしばしば発生していたそうです。したがって、プロジェクトを進める技術者は、社長の指示待ちに終始する雰囲気になっていました。せめて、判断を変えた理由が説明されれば納得できる部分もあったと思います。いわゆる学習性無能の状態になってしまったわけです（これについては次章で詳しく述べます）。

プロジェクトメンバー側も、レビュー後に何らかの状況の変化があった場合には、素早い決断が求められます。その場合には、早急にレビュアーはもちろん、関係者への伝達が必要なのは言うまでもありません。

この例は、DRとその決定に対しての、重要性の認識の差とも言えます。レビュアー自ら、自身の決定の意味づけを下げてしまっていることに気がつかなければなりません。このような事例は指揮命令・情報伝達フローがしっかりでき上がっている、ある程度成長した企業や、レビュアーとメンバーが常に顔を合わせている規模の企業では、発生することはないと思いますが、間に管理職が入る、社員数十～百名程度の企業では、起こり得る要因です。

■有意義なＤＲにするための解決策

このような問題点の解決の１つは、プロジェクトごと、そしてステップごとでの、ＤＲの対象範囲、判断してほしい項目と基準をＤＲ資料の最初に明記し、共通認識となるようにすることです。往々にして議論は各論に入ってしまいますが、共通認識としておくことで、ＤＲの目的に戻ってくることができます。ミーティングでのファシリテーションのスキルの１つと同じです。

ＤＲの資料は、レビュアーが充分に理解・準備できるように事前に用意することです。いつも時間的にギリギリになってしまっているかもしれませんが、それがＤＲを非効率にしている大きな要因であることを意識し、準備する、させるようにします。

プロジェクト側とレビュアーの信頼の確保のために、レビュアー（社長）はＤＲでの決定を「勝手に」変えてはいけません。変える（変えたい）場合は、理由の説明を含めて、関係者に周知するとともに、原則は改めてＤＲを開催して、再度検討して判断すべきです。もちろん決定の判断の材料に変化があれば、判断・行動の速さが中小企業の強みでもあるので、結論自身が変わることもあり得ますが、理由を説明した上で、再度議論と確認が基本です。

レビュアー以外の参加者でも、疑問があれば遠慮なく質問することも重要です「私は営業だから、技術のことはわからないので」という営業部長さんもいましたが、でき上がった製品を販売するのは営業担当ですから、ここで確認すべきことをちゃんと確認しておくべきです。これもＤＲの目的と、参加している役割が共有されていない事例です。

DRでは決定事項として、アクションアイテム、今後フォローすべき項目・期限も決められることがほとんどですが、このアクションアイテムのフォロー状況を監視することも重要です。期限近いときにアクションアイテムが既に実行されたか、実行の目処などをプロジェクトメンバー以外が把握する仕組みです。それはメンバーの上司でもよいですし、小規模の企業では社長自身かもしれません。それにより、プロジェクトメンバーには一定の緊張感が生まれます。

DRではフォローすることを前提として、審査・承認されているのですから、フォローがされているかの確認が必須です。

5　「きおく」でなく「きろく」で議論する土台のつくり方

■記憶と記録の違い

「記憶」と「記録」は、ひらがなでは一字しか違いませんが、議論を進めるうえではとても大きな違いを生みます。中小企業では営業の顧客訪問や、開発の詳細な検討、社内での打合せや議論についても報告書や議事録などの記録として残していない例は非常に多いです。

企業によっては、製品の不具合さえも明確に記録されていないという例もあります。担当者自身の個人的なメモとしてはあるのですが、組織として誰もが見ることのできる記録として残す規則や文化になっていないのです。

【図表42　「記憶」の文化「記録」の文化】

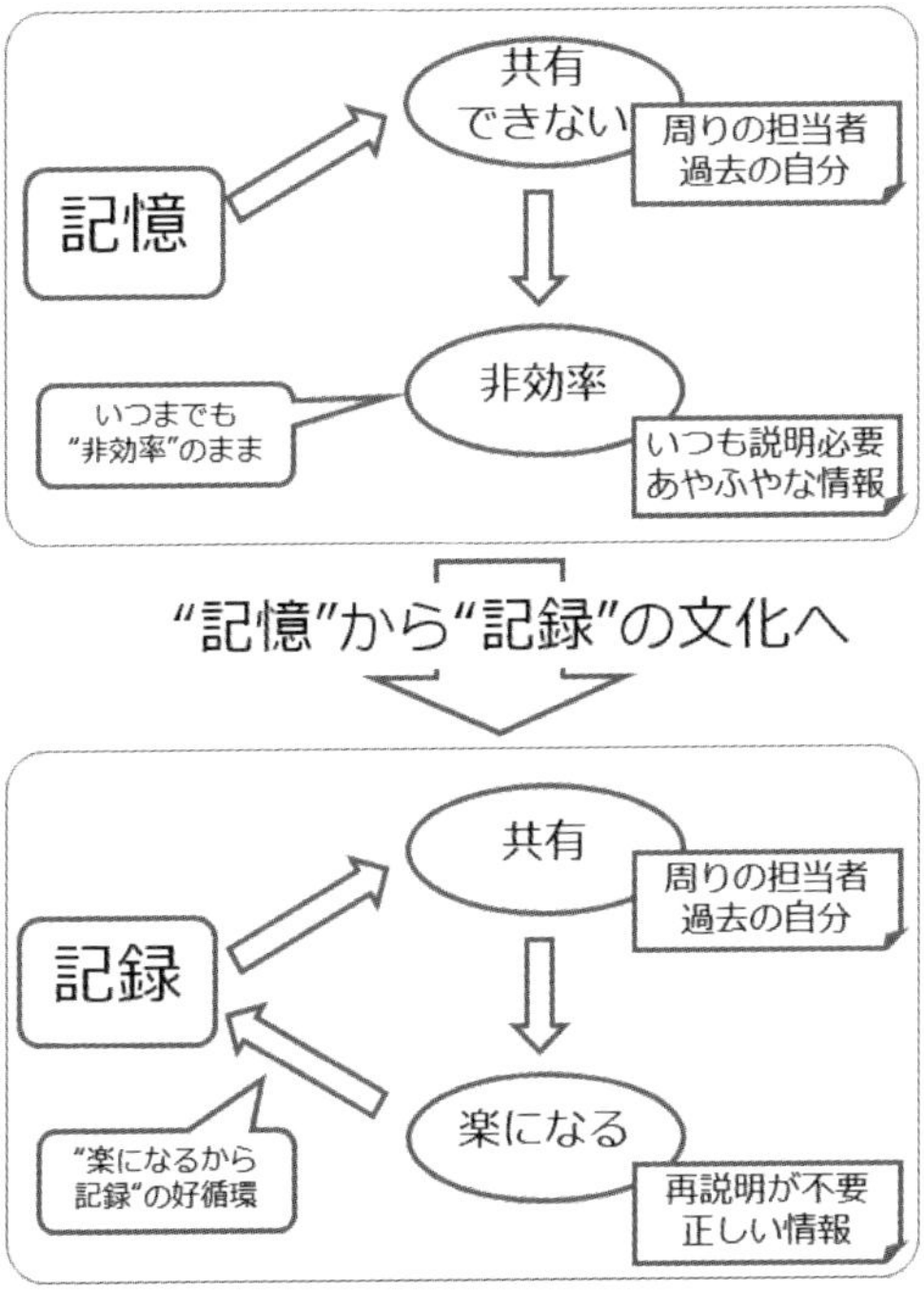

文書やデータなどの記録がないと、当然議論は記憶に頼ることになります。製品の開発を記憶に頼った議論で進めると、機能や仕様の要求側ともいえる営業と、実現する側の開発との間で、「言った、言わない」、「そういうことだったのか」というずれや対立、相互の不信にまで進み、協力どころではなくなってしまいます（図表42）。

人数の少ない中小企業ではお互いのコミュニケーションが密に早く取れることが強みでもありますが、逆に「共有できている」という錯覚を生んでしまう要因でもあります。

■記憶での議論の困り事

記憶に頼った議論で困るのは、もちろん「非効率な情報の共有」です。打合せや議論の内容・結論は参加した当事者が知っているわけですが、他の人には口頭で伝えることになります。口頭での伝達では、次のような問題点があります。

●何度も説明しなければならない

●毎回の説明が同じにならない

口頭では説明がその場限りですから、情報が必要な全員が一堂に会することができれば一度で済みますが、そうでなければ、その都度同じ説明を繰り返さなければなりません。社員が2、3名のときには可能かもしれませんが、5名、10名となってくるとそうはいかず、1人が何回も説明するか、説明された人が別の人に説明することが必要になり、その都度時間を使うことになります。

口頭での説明が何度も行われる状態だと、同じ人が説明を行う場合でも実は毎回同じ内容にはなりません。口頭でのコミュニケーションは、「聞き手」の反応でどうしても違ってきます。聞き手により既に持っている情報や興味、情報を知る目的が異なりますから、説明の都度内容は異なってきてしまいます。ある人には話した内容がある人には伝えていなかった、ということは確実に起こります。

「伝える側」の状況が変化していることも内容が異なってしまう要因です。ある人に伝えた後に関連する何らかの情報を得ると、次に伝えるときは、追加された情報を加味して話すことになり、違った内容が伝わることになります。

聞いた内容が異なれば、その情報を前提にした議論がかみ合わず、時間を浪費するだけでなく、お互いの不信の元となる可能性もあります。

もう1つ、記憶での議論で困るのは、「情報を俯瞰できず、思考が進まないこと」です。不具合の解析や企画などの際、多様な情報を俯瞰してみることが必要な場合でも、口頭での説明では俯瞰することができません。言葉は同時には1つしか伝えられないからです。

頭の中で多くの情報の確認を取り、並び替え、関連づけたりして原因を突き止めたり、共通の要素を抽出したりするなどの、思考のプロセスを阻害してしまいます。

記録により議論の前提となる情報を関係者間で同じにすることにより、非効率的な議論を排除できます。

■記録で議論する文化のつくり方

記憶で議論する非効率さを排除するには、記録で議論する文化に変える必要があります。そのためには、３つのポイントがあります。

①「自分のため」という意識づけ
②記録しやすい環境づくり
③習慣づけする実施方法

【図表 43 「記録」で議論する土台づくり】

“自分のため”の意識づけ
- 人への説明の時間の節約
- 過去の事実を正確/抜けなく把握

“楽に記録できる”環境づくり
- ホワイトボード/標準フォームなどの準備
- 100%を求めない

“習慣化させる”実施のさせ方
- 何度もしつこく記録させる
- 習慣化までの忍耐
- 見える/使える場所に保管

もっとも重要なのは、「記録するのは、自分のため」という意識づけです。記録をしておけば、何度も同じ説明を口頭で行う手間を避けることができます。

記録を診てもらうことで、100%聞き手が必要な情報を記録だけで伝えることは難しいのですが、80%くらいまでは「手間なく」説明ができます。自分の時間の節約になり、自分を楽にするのです。

人間は、結局は自分にとって有益かどうかで行動が決まりますから、自分のためになるという意識を持てば、自ら記録をするようになります（図表43）。

私も設計業務をしていた際、関連するユニットやソフトウェアの担当者が何人も、仕様などを聞きに来て、毎回同じような説明をしていました。場合によっては1年以上前の内容を聞かれることもあったのですが、正直自分でも忘れていて、思い出すのに多大な労力と時間を使いました。

それ以降、打合せはもちろん、設計で検討した内容などはなるべく文書に記録して、残し、「自分以外の関係者も見られるところ」に保管するようにしました。また、質問などに来られても、まず、その記録を見てもらい、わからないこと・不足のことがあれば聞いてもらうようにしました。

このように記録すると、実は自分が一番その恩恵を受けます。しばらくたって忘れた・記憶があやふやになった内容を明確に思い出すことができます。いろいろ資料やメモを探し出し、そこからどうなっていたかを紐解く時間が大幅に節約されました。記録に残すと自分が一番楽になるのです。

この意識づけを行うのですが、一度この恩恵を知ってしまうと、自分から記録をするようになりどんどん記録するよいスパイラルになります。何せ自分が楽になるのですから。

■記録しやすい環境づくり

そのスパイラルに入ってもらうために、始める壁を低くしておかなければなりません。

中小企業でなかなか記録することが行われないのは、関係者が少なく、伝える手間に比べて、メモを書き直したり、清書したり整理したりする手間が大きいからです。したがって、その手間を小さくしてあげます。

そのために、

●その場でのメモを記録となるようにして書き直しの手間・時間を減らす
●最初は詳細まで記録せず、まとめだけを記載する
と割切ることも必要です。メモ書きがそのまま記録とできるようなフォーマットを用意するのも効果があります。図表44は実際にコンサルティング先に使ってもらうようにした議事録のフォーマットですが、社員の方には打合せでは自分のメモ帳を使わずに、直接フォーマットに書込み、最後にまとめの部分のみ記載してもらうようにしました。

　書き直し・まとめ直しの手間と時間がなく、そのまま共有できるので、議事録を記載するという習慣はかなり定着しています。

　また、ホワイトボードを使うのも有効です。実は中小企業ではホワイトボードすらない、あっても打合せに使わないという企業が結構あります。打合せをホワイトボードに書きながら行えば、最後にそれをスマホ

【図表44　議事録フォーマットの例】

打合せ 報告書/議事録　　1/2

日時(場所)	年　月　日( )　:　～　:　(　　)	承認・確認
参加者		
打合せの目的	● ● ●	

結論・決定事項・アクションアイテム (終了後直ぐに記入、1行にまとめる)	誰が	いつまで
●		
●		
●		
●		
●		

メモ (打合せ中のメモとして使用)

で写真に撮り、議事録にすることも可能です。打合せ中も内容を参加者が確認しながら進められるのもメリットです。

このようにして、書き直し・まとめ直しの手間を減らす環境を用意します。

■習慣づけする実施方法

記録を始めてから恩恵を感じる場面に遭遇するまでは、一定の期間が必要です。それまでは楽になった経験がないため、記録する手間が無駄に思えてしまいます。そのため、必ず記録させるように習慣づけを意識して行うことになります。

打合せや議論のたびに、報告書、議事録など記録を取るように指導することはもちろんですが、後で記録を取ったかの確認も忘れないようにしてください。

■記録するだけでトラブル激減

記憶ではなく、記録することでトラブルを激減させた中小企業の事例です。建築関係の施工を行う、社員数名と親方数名の会社です。コンサルティングの依頼内容の1つは、資材の発注や加工に関連するトラブルが多く、そのたびに社長に連絡が入り、社長がその対応に相当の時間と労力を使っているので、何とかして欲しい、というものでした。

最初に、現状把握としてどんなトラブルがどれくらい発生しているのかをお聞きしたのですが、案の定「いろんなトラブルがある。発注数の間違いが多いように思うが、具体的な件数はわからない」とのことでした。

このようなときには、客観的に数と内容を把握することが鉄則です。社長には「トラブルの電話があったときに、手帳に日付と現場名、単語でよいので何のトラブルかだけをメモしてください」とお願いしました。それだけであれば、トラブルの都度、書き留めるのもできるとのことでした。

1か月後に状況をうかがうと、25日間に30件発生し、うち12件は材料発注の数と種類のミスであることがわかりました。発注ミスの要因を調べ、対策を練るのですが、これだけの情報があればその時の状況を後で把握することができます。情報をまとめ、原因を探っていっていたのですが……。次の1か月では10件と半分以下になり、その後も月に数件、週に1件あるかどうかまで減ってそれを維持しています。

対策が明確に定着して効果を出すには早いので、社長にお聞きすると「記録を取り始めたことで、社員、親方がトラブルを発生させないように、より注意をするようになった」そうです。

記録を取ることでその後のフォローが明確になり、その流れが社内に伝わったと言えるでしょう。記録を残し、記録を元に議論する文化をつくり上げることにより、開発を初め社内業務が効率的になると同時に、技術やノウハウの組織としての蓄積につながります。いわゆる仕組化になっていき、社員が増えて来ても対応できるようになります。より会社が大きくなるためにも、なるべく早い段階で、記録による議論の文化をつくり上げてしまうことをおすすめします。

第6章　売れる新製品開発のための土台づくりの秘訣

1　自律的に動く組織にするコツ

■社員がなかなか自律的にやるべきことを考え、実行してくれる

「社員がなかなか動いてくれない」、「いつも指示待ち」、「言わないと動かない、指示したことしかやらない」、「なんとか、自分から積極的に動いてくれるようにならないか」というのは、非常によく耳にする社長さんの悩みです。

社長はいろいろ気になることも多く、どうしても細かいところまで指示しがちですが、これでは、事業は社長が指示できる範囲・規模までしか広がりません。せいぜい社員20～30名位まで、直接指示し、行動などを把握して管理できる限界でしょう。業種や状況などにもよりますが、毎年の売上が数億円にとどまってしまうのではないでしょうか。

社員が自律的に、やるべきことを考え、実行してくれるようになると、社長は大きな方向のみ指示すればよく、事業は広がっていきます。

中小企業を訪問させてもらい、社員を拝見していると、能力・知識があるのになぜか動かない・指示待ちの人がかなりいる、とも感じていて、その理由が単にやる気がないという問題だけではないと思っています。

このような社員に自律的に動いてもらうようにしなければなりません。

■報酬を上げても自律的には動かない

やる気を上げてもらおうと、報酬を上げることも考えられますが、それで自律的に動くようにはなりません。それは動かない・動けない理由があるからです。

社員が自律的に動かない理由は、その２つにあります。

①適切な行動は何かを判断できない
②動く意志がない

このような状況を解消する一番重要なのは、実は社長自身の言動です。「適切な行動がわからない」と言うのは、どの行動が適切なのかの判断基準がないか、あいまいであることが原因です。何かを目的として行動が必要なとき、当然選択肢は複数あります。その中から「一番よい」と判断した行動をとるわけですが、何を重視して、どんな優先順位でどれを選択するかの基準がないと決めることができません。どうしても「決めてもらう、決まるまで行動しない」となってしまいます。

社長からは、「指示しないと動かない」と見えます。担当者が基準・優先順位を持っていれば、自分で判断し、行動をとることができます。

もちろん、この基準が社長と一緒でなければ、社長から見て「不適切な行動を勝手に取ること」になってしまいます。社長と担当者、要は社内でこの基準や優先順位の考え方が共有されていることが必要です。

■社長の普段の言動が判断基準の一番の共有手段

高いレベルでは、会社の理念・行動規範の形で、それぞれのプロジェクトでは、目標などと共に優先事項などが明文化されているかもしれません。それでも規模の小さい中小企業では、やはり社長の普段の言動が一番影響大きいです。

デザインレビューなどでの発言や決断はもちろんですが、普段の指示・命令、会議などでの発言は、社長としての判断基準で発言しているのですが、社員からみると1つひとつの発言・決断・指示の積み重なりを判断基準として受け取ることになります。

社長が気をつけなければいけないことは、「一貫性」と「説明」です。

社長の判断の基準が一貫していないと、受け取る社員は混乱します。あるプロジェクトでは、Aという判断をしながら、別のプロジェクトではBという判断となると、社員は、次はどちらを取るべきか、結局社長に聞くか判断を待つことになってしまいます。社長の判断が一貫していることで、社員は「安心して」同じ判断基準で行動を決めることができます。

とは言え、社長と社員の持っている経験や情報は違いますから、常に同じ判断とはなりません。社長が一貫した「ブレない」判断を継続していくことで、会社内にほぼ同じ判断基準が浸透していくことになり、社員自身が取るであろう行動を、社長に指示を求めることなく、自律的に取ることにつながります。

それでも状況により違う判断をすること、判断を変えることはあります。特にフットワークの軽さが特徴の中小企業ですから、当然起こりうることです。ただし、その場合、重要なのは「説明」です。今回はなぜその判断なのか、なぜ決断が変わったのか、可能な範囲で説明をするべきです。

説明なく判断を変えてしまうことが続くと、社員は「学習性無能」の状態に陥ります。最初に結論Aと決まり、そのつもりで頑張って動いていたのに、ある日突然、「いやBに変える」となると、それまでの頑張りが無駄になります。そのようなことが繰り返されると、何かの判断や指示が出たとしても「どうせ後で変わることになるから、今その方向に全力で向かうのは得策ではない、無駄になってしまう」という考えが多少なりとも出てきてしまいます。

自分で判断しようにも基準がわからず、社長の判断とのずれが怖くて、毎回社長に判断を仰ぐことにつながります。つまり、自律的に動けないことになってしまうのです。

社長にしてみれば「あの判断の後、新たに情報が入った」などの状況の変化や「やはりこちらのほうがベストだと考え直した」など理由があるはずです。朝令暮改を恐れなくてもよいですが、必ず一言説明を添えることを忘れないでください。

その積み重ねが、社員との判断基準・優先順位の共有につながり、社員が自身を持って社長と同じ考えのもとで判断、行動を取れるようになっていきます。プロジェクトでも同様です。プロジェクトリーダーはメンバーとこの判断基準・優先順位をすり合わせておくことで、ここの判断と行動をメンバーが行うことができ、リーダーの負担が減って、リーダーとしての本質的な業務に重きを置くことができ、結果として開発の成功に近づきます。

2　目標設定の数値化・具体化の文化のつくり方

売上高・利益や期限などを初め、「目標」は新製品の開発に限らず会社の業務では常に設定されて達成に向かって、社員全員が行動していきます。しかし残念ながらすべての目標が達成されることはなかなか難しいことです。目標が達成できない要因は何でしょうか?

■適切な目標の設定は達成の最初のステップ

その1つが「適切な目標設定ができているのか?」です。「目標」とは『そこまで行こう、成し遂げようとして設けた目当て』(三省堂「大辞林」より)です。つまり「そこまで行こう」という場所、到達点です。その行き先が適切でなければ、到達することはできませんし、そもそも到達したことがわからないことにもなってしまいます。適切な目標設定は、目標達成の最初のステップとも言えます。

目標の達成に必要な要素を式で表すと次のようになります。

●適切な目標　＋　適切なやり方　＋　継続　＝　目標の達成

適切な目標設定が常に行われるような状況＝文化になることで、新製品の開発自身もスムーズに進みます。

ある中小企業の管理職研修を行ったときの話です。ご自身の部署の問題点と思っていることを洗い出してもらった後、1つの問題点を解消していくために管理職自身が何をするかの行動目標を設定してもらいました。するとほとんどの管理職の方が、「意見を封じることなく、しっかり相手の意見を聞き取る」、「答えに通じるヒントを与え、部下に考えを気づかせる」、「細部にわたり充分に検討した上で結論を出す」という設定をしました。

はたしてこれらは適切な目標なのでしょうか。

これらは目標ではなく「決意」、あるいは「方針」です。決意はとても重要で必要なのですが、日々の行動として継続して管理していくのには適切ではありません。

目標設定がこのように適切でなければ、企業としての目標である「年間売上高・利益」の達成にもつながりません。

■設定した目標の評価

まずは目標自体を適切に設定するためには、よく言われる「SMARTの法則」を使って、その目標が目標として適切かを評価します。

「SMARTの法則」とは、次のとおり、目標設定の重要な要素5つを示したものです。

●S：Specific（具体的であること）
●M：Measureable（測定可能であること）

●A：Achievable（達成可能であること）
●R：Realistic（現実的であること）
●T：Time Based（期限が明確であること）

この5つの観点から「目標」を評価して、修正していきます。

最初のS：具体的であること、は達成したかどうかが明確にわかるかどうかということで、数字で示されているか、あるいは結果の合否が明確に示されているかです。「コストを低減する」、「コミュニケーションミスを減らす」ではなく、「コストを○○円以下にする」、「ミスを月間○○件以下にする」という形で数値を入れ込みます。

先の例の「決意」的な目標（？）についても、具体的な行動に落し込むことにより、適切な目標にします。決意は形や行動として周りの人からはもちろん、自分自身でも見ることはできませんが、「『実践できたか』を記録する」と具体的な行動にすることができます。

「細部にわたり充分に検討した上で結論を出す」では、それが確かに満足できる内容で実践できたかどうかを、記録する、という具体的な行動にして、それを毎日、あるいは一定期間実施するという目標にします。

次の計測可能であること、は「進捗・継続状況を途中で客観的に把握できるか」との視点になります。

A：達成可能であること、R：現実的であること、については、目標自身は高くてもブレークダウンすることで現実的に達成可能なことを示します。

最後のT：期限があることは、目標に到達する時期・期限が明記されているかどうかです。期限のない目標では先延ばしが可能で、結局達成されずにいつまでも放置されてしまいます。

■SMARTによる評価を継続する

設定された目標をこの「SMART」の視点からの評価を継続することが重要です。繰り返して評価・修正を行うことで、数値化含めて適切な目標の設定の仕方が文化として結びついていきます。目標の設定が数値や期限のないあいまいな表現である場合、責任者があらかじめ「逃げ」をつくっている可能性があります。明確にすると合否がはっきりしてしまうからです。このような「逃げ」を許容していては開発の成功はあり得ません。その意味でも、目標の具体化・数値化を文化として根づかせることが必要になってきます。

販売を含めた開発の成功のためには、担当者、管理者の適切な行動目標の設定が重要です。「SMART」の視点で、適切な行動目標を設定し、継続できるべく管理してください。

3　組織の力を伸ばすプレイングマネジャーの評価法

中小企業では、部長・課長レベルの管理職はほぼ間違いなく実業務も行うプレイングマネジャーです。経営者としての取締役の肩書を持ちながらも実際に営業を行う方や、開発作業を行う方もいます。そのマネジャーはほぼ例外なく、その部署での業務が長く、実績がある方が昇格しています。会社の規模・状況によっては、社長自身ですら営業や開発作業を、主に行っています。「プレイング社長」と言ってもよいでしょう。

そしてほとんどの場合、プレイングマネジャーは「プレーヤー」の部分に多くの労力・時間を掛けてしまいます。

理由は、「プレーヤーとして動くほうが楽」だからです。もともとプレーヤーとしての実績がある中で自分の形・やり方を確立していて、その枠で動くのはある意味、楽と言えます。逆に「マネジャー」の部分は初めての経験で、ほとんどの場合はマネジャーとしてのスキル・知識を学ぶ機会がなく、自分で工夫しなければいけない状態に置かれます。

組織としての実績を求められる中、部下に対しては業務の大変さが理解できるだけに、どうしても厳しさに掛けてしまう一方で、有能なプレーヤーとしてマネジャー自身が頑張ってしまいます。プレーヤーからマネジャーへの意識の転換は難しいものですが、プレーヤーとしての意識が残るために更に難しさが増しているわけですから、「双方の役割を担って効率的に」との期待とは裏腹に、なかなか実績が残せないというのが実態です。

大変な役割と期待ですが、それでも任命したプレイングマネジャーに対しては、一定期間経過した後、とくにマネジャーとしての役割の実績で、厳しく評価するべきです。

【図表45　プレイングマネージャーの意識と成果】

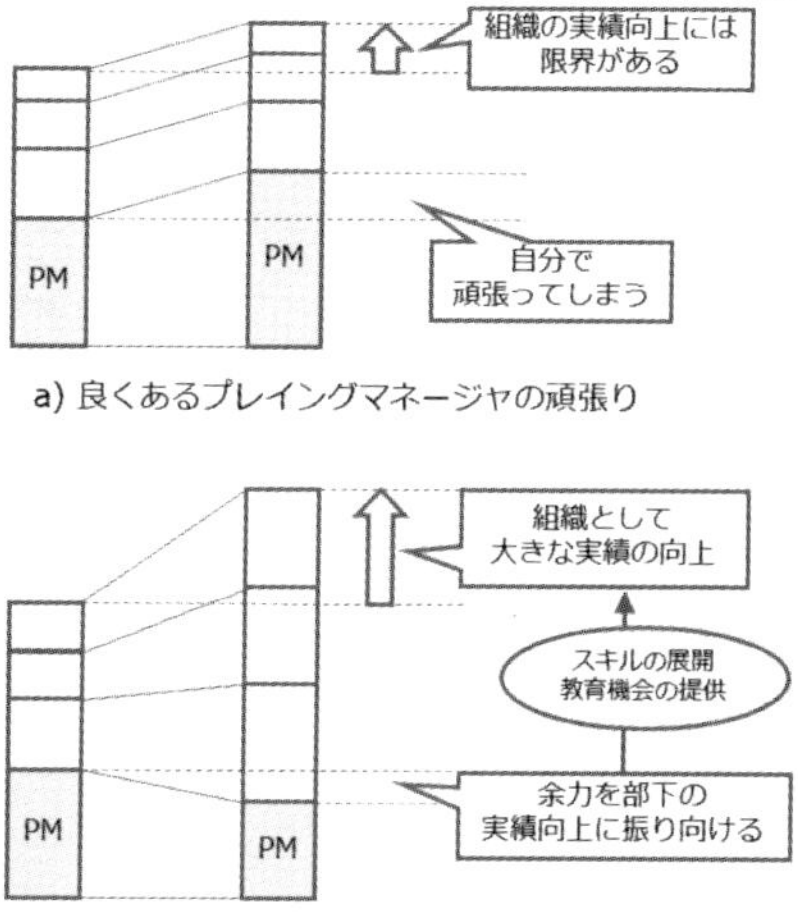

a) 良くあるプレイングマネージャの頑張り

b) マネージャとしての意識・行動をとった場合

■マネジャーの役割を認識させる

マネジャーの役割は、次の点です。

①会社・事業目標に沿った組織の目標の設定

②目標を効率的に達成できる仕組みづくりと運営

③目標達成に貢献する部下の評価と育成

マネジャーとしての意識に転換してもらうために、この役割を繰り返し伝えることが必要です。

プレイングマネジャーの評価では、多くの場合、「組織としての実績・結果」で行われています。もちろん組織全体の実績の評価は重要ですが、これではマネジャーは自分が頑張ることで目標達成に走ってしまいます。もともと有能な担当者のため、「自分がやる」ほうが手っ取り早いからです（図表45）。

■部下の実績の伸びを評価する

マネジャーの労力をマネジャー自身の実績ではなく、部下の育成を通して組織の目標達成につながるようにするために、マネジャーの評価の項目に、「部下の実績がどれだけ伸びたか」を明確に加えます。

このことにより、部下の実績を「いかに伸ばすか」、を考えることになり、自分の持っているスキルを部下に展開や教育の機会の提供を行う方向に進みます。

1人が頑張っても、伸びの量には限界があります。同じ伸びを複数の部下が達成できれば、その何倍もの伸びが得られます。その形にするのがマネジャーの役割であり、社長の期待であることを明確に認識してもらい、行動してもらうために、「部下の実績の伸び」の評価は有効です。

■プレーヤー部分の評価は2割でよい

プレイングマネジャーの評価においては、プレーヤー部分とマネジャー部分の割合を2対8くらいにするのが妥当です。

実績あるプレーヤーとしては不満が残るかもしれませんが、任命した社長は組織全体の実績が伸びる結果に貢献してもらえるという期待があり、それを担えるのは他の社員にはできないわけですからプレーヤー部分の比率を低くするのは必然と言えます。

ただし、プレーヤーとして動く部分や評価が減ることは、大きな葛藤があります。私自身も開発プロジェクトをプレイングマネジャーとして率いた最初は、非常に迷いがありました。最初は自分自身が重要な部分を担当してしまい、その部分に労力を費やさなければならず、結果としてプロジェクト全体の運営がうまく行きませんでした。

しかし、プロジェクト自身を成功させることが自分の目的であり、そのためには、プロジェクトの運営・全体の把握を自分が行わないと他の誰もいない、それを行うためには、実作業部分の負担を減らす必要があると気がつきました。

そして、自分自身は「あまり重要ではない、楽な、リスクのない部分」の設計を担当することにしました。もちろん技術者として難しいものにチャレンジしたいとの気持ちに反するわけですし、メンバーには「楽している」と思われないかなど、大きな葛藤はありました。

■マネジャーとしての意識と行動に変える

中小企業ではマネジャーへの昇格時の研修・教育が整っていないのが実態で、なかなかプレーヤーとしての意識と行動を変えるきっかけがありません。

私がコンサルティングを行ったある中小企業では、幹部の部長クラスには、毎月何がしかのセミナーなどに参加させていました。どのセミナーに参加するかは自分で決めさせていて、参加後には報告書の提出をしていました。報告書には、「よいセミナーだった。○○というやり方、考え方が有効だと思った」という前向きな感想が並んでいました。

しかし、これはあくまでも感想です。参加して何かの気づきを得たのであればそれを具体的にマネジャーとしての業務の中に行動として組み込んでいかなければせっかくのセミナー参加が無駄になってしまいます。いわゆるアウトプットとして、気づきから日々の業務の中の行動に落し込んでいかなければなりません。

この企業では、セミナー参加に加えてマネージメント・リーダーシップ関連のビジネス書を読んでもらい、気づきとその気づきから具体的な行動目標を宣言してもらうことにしました。最初はなかなか感想や決意の域を超えませんでしたが、前項の目標の具体化を繰り返し始動したところ、少しずつ目標としての形になってきました。

初期の宣言としては、次のようでした。

●次世代の幹部経営陣として成長する
●お互いに建設的な意見を出し合い、改善、改良に努める
●部下に答えに通ずるヒントを与え、考えを気づかせる
●直面している問題は自身が即座に把握し、全体の指揮を取る

これらを意識することは重要なことですが、このままでは決意の段階で、行動として実行できたかどうかを判定するのは困難です。この宣言を日々忘れずに意識して具体的に実行できるようにしなければなりません。そのために、毎日、あるいは毎週を振り返り、このような意識で判断や指導を行うことができた件数を記録してもらうことにしました。そして少しずつですが、宣言が具体的になり、数字も含まれるようになってきました。

このような記録を取ることにより、継続して「決意」を行動に移し、最終的には自身の行動として当たり前にすることができます。

4　やる気にさせるチャレンジの評価の仕方

■プロジェクトとしてリスク管理が必要

新製品の開発には何らかのチャレンジが必要です。「新しい方式を使ってみる」、「今まで使っていない材料に変えてみる」、「新しく機能を追加してみる」などのチャレンジがあるからこそ他の製品との違いを生み出すことができて、コストダウンや機能の向上、新しい顧客や市場の獲得につながります。「どんどん、チャレンジしてくれ」と、チャレンジを推奨します。

しかし、当然ながらチャレンジには大きなリスクが伴います。今までにないことなのですから当然で、プロジェクトとしてはリスクの管理は必要です。それでもすべてのチャレンジが成功するわけではありません。逆にすべてが成功するようであれば、「チャレンジの程度」が低いことを示していて、効果が充分に得られないことになります。

■チャレンジの文化が根づかない要因

社長の「どんどんチャレンジをしてほしい」との想いに反して、なかなか新しい試みやアイデアが出てこないということがあります。

チャレンジするときは精神面での大きな葛藤があります。「やってみたい」、「目標達成のためにはやらなければ」、と前向きに考える面と、「うまくいかないかもしれない」、「失敗したら…」というマイナス面の綱引きが行われます。チャレンジを提案し、実行してもらうには精神面の壁を乗り越えさせなければなりません。

そのためには、社長、上司として「失敗を容認すること」が必須です。チャレンジの提案を認めて実施を決めた判断はあくまで社長、あるいは上司で、「実施を認めた」最終責任を負うことを明確に示す必要があります。「失敗の容認」、「最終責任を負う」ことは、社長や上司としてもなかなか我慢がいることですが、この積み重ねがチャレンジを促す土壌、雰囲気、いわゆる文化をつくり上げていきます。

ある中小企業では、社長がことあるごとに「どんどんチャレンジしてほしい、チャレンジこそが会社を成長させる」と話していました。ところがなぜか会社に活気がない、新しいことを始めるという雰囲気がないのです。よくよく社員の方々に聞いてみると、社長は、なかなか進捗が思わしくなかったり、結果に満足できなかったりとその社員の評価を格段に下げてしまうとのことでした。

つまり、社長自身が「我慢ができない」、「最終責任を負わない」状態だったのです。長年いる社員はそのことがわかっているので、「敢えてチャレンジはしない」といういわゆる身を守るようになり、これが会社の文化として定着してしまっていました。

高い意欲を持って入社してきた社員は、その現実を目の当たりにして、辞めていくか、その文化に染まりチャレンジをしないようになるかのどちらかになります。

実際に、その会社では一年間に社員の10％以上が退職する時もあるという状況でした。チャレンジを認めた「責任」と「我慢」が社長、上司として求められます。

■チャレンジを促す評価のコツ

チャレンジを適切に評価する術を知っていることで、「責任」と「我慢」という評価する側の負担も軽減できるとともに、社員にチャレンジを促すことができます。

チャレンジの評価は３つの部分に分解して行うのがコツです。

①チャレンジしたことの評価
②チャレンジの過程の評価
③チャレンジした結果の評価

最初の①での「チャレンジしたことの評価」は、チャレンジしたこと自体への評価ですが、チャレンジの壁の高さや困難さが評価の指標になります。より厳しいチャレンジほど高い評価値となります。

次の②の「過程の評価」は、どのようにリスクマネージメントをしていたかということです。チャレンジは常に失敗と隣り合わせなのですから、いかに早くその予兆をつかみ、回避する手段を取るかというリスクマネージメントがより重要です。このリスクマネージメントがどのように行われているかをモニターして評価します。

【図表46　チャレンジの評価】

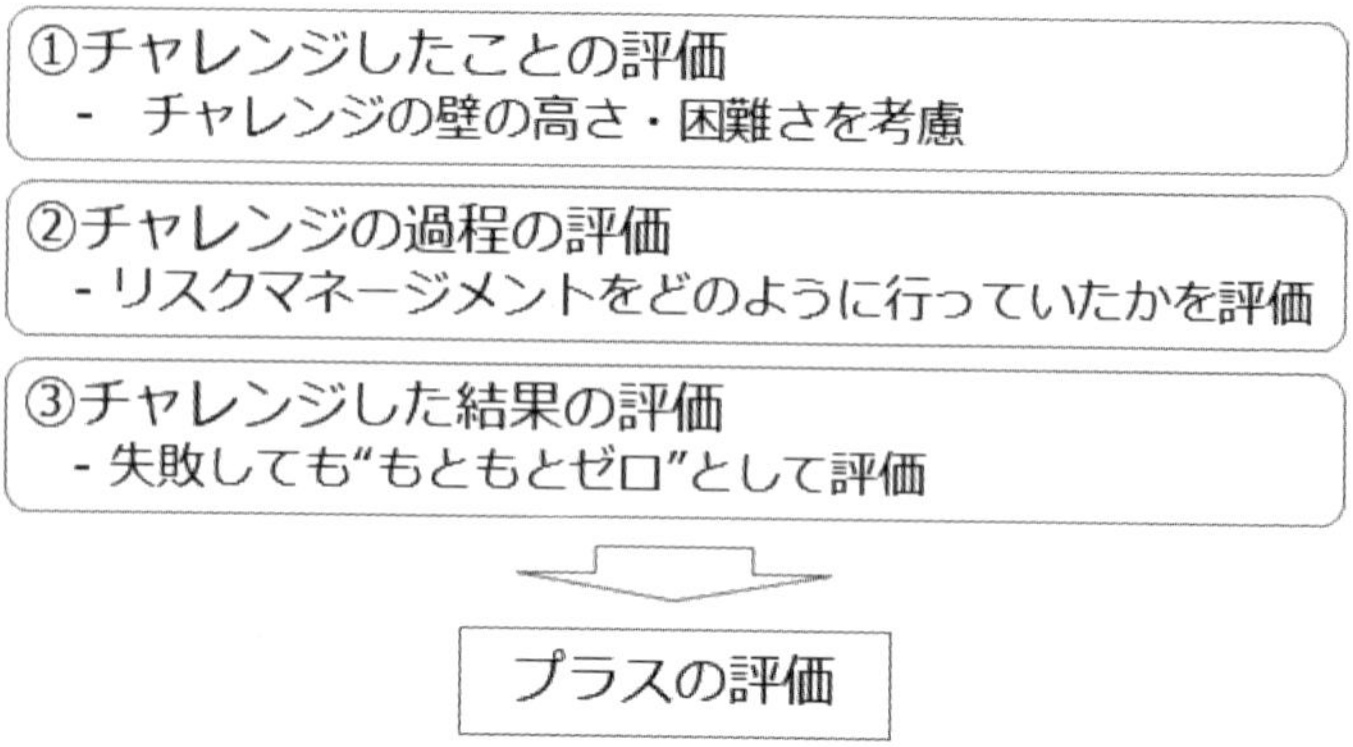
①チャレンジしたことの評価
-　チャレンジの壁の高さ・困難さを考慮
②チャレンジの過程の評価
-リスクマネージメントをどのように行っていたかを評価
③チャレンジした結果の評価
-失敗しても“もともとゼロ”として評価
プラスの評価

最後の③の「結果の評価」では、どのような結果となってもマイナス評価をするべきではありません。たとえ失敗したとしても、「チャレンジしなければ、何もなかった」わけですから、悪くてもゼロ、プラスの評価をするべきです（図表46）。

全体としてもチャレンジの評価はプラスの評価となります。「『チャレンジしろ』という、社長の指示」に従い、「社長の決断の元」実施したわけですから。そしてその結果によらず、チャレンジしたことに対して「称賛」を惜しまないことが、担当者だけでなく、他の社員にもやる気を出させ、チャレンジの連鎖が次々と生まれる文化をつくることになります。

社長の「責任」と「我慢」、そして「評価のコツ」を使って、チャレンジが定常的に提案、実施され、新しい価値ある製品が絶え間なく生み出される雰囲気、文化をつくり上げてください。

5　コストマインドの効果的な熟成法

■管理手法だけではコストは下がらない

「コストを意識しろ」、「コストは下がらない」……

「コストを意識しろ」、「コストのことを考えろ」とは、ごく一部の企業を除いて、常に言われる言葉です。多様な情報に簡単にアクセスできるようになってきた中で、価格の比較がすぐにされてしまうわけですから、利益の確保のため、いかにコストを下げるかは重要な課題です。

そのために、多くのコスト管理や、削減の手法が提案されているわけですが、その手法を適用するだけではコストはなかなか下がりません。

関係者全員がコストの重要さと「自身の作業とのつながり」を理解すること、いわゆるコストマインドを社内で熟成することが必要です。

■「利益をつくり込む」意識

企業の成長に直接結びつくのは、売上ではなく、利益です。もちろん売上は重要ですが、社員への報酬はもちろん、利益がなければ再投資に回すことはできません。新製品を開発する目的は、利益を得て企業を成長させることです。

製品の企画では、特徴や機能・仕様を決めます。その機能・仕様を元にブレークダウンして製品をつくり込んでいきます。企画では同時に、コストと定価も決めます。通常コストは「目標コスト」として、設計した結果と捉えることが多いのですが、「コストも仕様の一部」として、初めからコストを意識して機能・仕様と同様にブレークダウンしながらつくり込んでいくものです。開発担当者にはその意識をまず持ってもらわなければなりません。

■コストの定義を明確にする

コストをつくり込むとの意識を持ったうえで、必要になるのが「コストの定義」です。実はコストと一言で言っても、何が含まれているのか明確になっている企業ばかりではありません。この定義が不明瞭で、社内の各部署で違っていれば目標設定やコストトラッキングは意味を成さないことになります。

まずはこの製品で捉えるべきコストの中身を定義します。直接的な材料費・部材費は余り問題にならないのですが、共通認識がないケースが多いのが、次の費用などです。

- ●開発費の回収
- ●間接的材料費
- ●間接労務費
- ●共通固定費の案分

そして何よりも問題なのは、コストの中で開発担当者が管理できない項目があるということです。

【図表47　コストマインド熟成のための売り方・コストの作り込み】

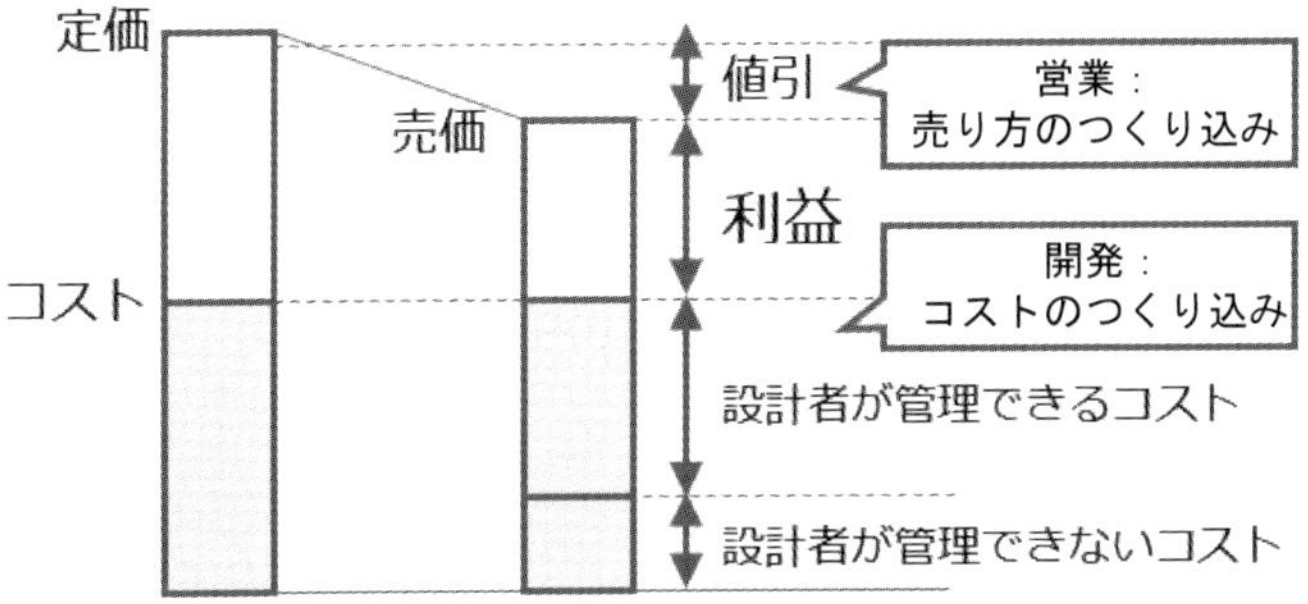

例えば輸入している材料があれば為替で価格が変わりますが、為替自体は管理できません。また、間接材料費・労務費の単価もそのプロジェクト自身で決めることができません。

状況によって、また年度が替わるとこれらの単価の算定値が変わることもありますが、そうすると開発担当者として、コストの管理が非常に難しくなり、コストマインドがあったとして目標コストに抑えることが困難になってしまいます。

したがって、コストの管理・トラッキングでは、開発者が管理できるコスト項目と管理できない項目とに分けて管理していくことになります（図表47）。

コストの定義、中身を明確に定義して共通認識にすることと、開発者が努力・工夫で管理できる項目とできない項目を分けて管理することで、開発者のコストマインドを高め、目標コストの達成につながります。

■営業担当者にコストマインドを持たせる

コストの意識が求められるのは、製品の開発設計や製造調達の部署だけではありません。利益を得る目的では、売価が重要ですから、その売価に直接的に関係している営業担当者もコストマインドを持つ必要があります。

多くの企業では、第一の営業目標として「売上高」を使っています。もちろん売上高は重要な指標ですが、企業の生業という意味では利益がより重要です。利益は、売価とコストの差分で、売価は定価から値引分などを差し引いた額です。

営業担当としては、利益をどれだけ増やすか、つまり値引をいかに抑えて売るか、を考えてもらわなければなりません。

私がマーケティングで、営業サポートをしているとき、営業からの値引の承認要求を受けることがよくありました。営業としては値引しても売れることで、売上が増えるのですが、会社としては利益が減ることになります。そのためいかに値引をしないか、値引を減らして購入してもらえるかや、少なくともその価格が次回以降のベースにならないように、状況を聞き取りつつアドバイスしていました。

ある意味、営業も「利益をつくり込む」わけです。「売上高」と共に、利益、粗利益を評価の指標に入れるべきです。

コストの定義を明確にする、管理できる項目とできない項目を分ける、粗利益も評価指標に入れることで、もともとコストの意識の強い、調達・製造も含めて全社でコストマインドを高めることができ、さまざまなコスト管理手法・コストダウン手法が効果を発揮するのです。

6　自社で持つべき技術の決め方のコツ

製品を開発するにあたって必要な技術のすべてを自社で保有するのは、大企業でもなかなかないことで、リソースに限りのある中小企業ではなおさらです。更に、まえがきや第1章で述べたように先端技術の進歩は著しく、安価に利用できるようになってきているわけですから、どの技術を自社で強みとして集中し、保有して、どの技術を外部から利用するかは、ものづくり企業として非常に重要な戦略の1つです。

■対象となる技術要素のリスト

まず検討の対象となる技術要素をリストします。当然今までの製品で使用している技術要素はリストされることになります。現在はアウトソースしている技術要素も構成する技術として忘れずにリストに入れます（図表48）。

それに加えて、新たに出てきている先端技術のうちで、今後の製品展開で関連するかもしれない技術についても入れておくようにします。

これはこのような技術に対して関心を持ち動向を確認し、利用可能かどうかを把握しておくことで、利用したいときに素早く対応できるようにするためです。

【図表 48　リストする技術要素の例】

- 検討する技術要素
  - 今の製品を構成している技術要素
    - 自社で保有している
      - ・アナログ/デジタル回路、ＣＰＵ/ＦＷ、メカ、通信、高周波…
    - アウトソースしている
      - ・電源、プリント基板/実装、アプリソフト、Ｗｉｆｉ
  - 関連する技術要素
    - ・ＡＩ、３Ｄプリンタ、バッテリ、ＶＲ/ＡＲ

■保有技術を評価するための視点

リストした技術要素を次の視点で評価していきます。

●自社（製品）の強みへの貢献度合い
●ノウハウが蓄積されているか？　必要か？
●（自社が）習得、実践に掛かるまでの障壁の高さ
●コモディティー化しているか？

「自社の強みへの貢献度合い」は当然なのですが、注意が必要なのは、「強み」についてはあくまで顧客から見ての「強み」で評価すべきであることです。第１章の強みの見つけ方でも述べましたが、自らが考える強みと顧客が考える強みが、異なることもあります。あくまでも顧客が感じている自社の強みとの視点で評価することが重要です。

「ノウハウの蓄積、必要性」は、参入障壁の高さとも言えます。今後他社がその技術を保有しようとした際にどれくらいの大変さとなるか、という評価軸です。ただし、注意しなければいけないのは、過信しないことです。

自分たちでは「習得は大変、時間と労力が掛かる」と判断していても、周辺技術の進歩、ブレイクスルーで一気にコモディティー化してしまう危険があります。自社で保有するべき技術として重要視してはいても「高を括らない」姿勢が求められます。

３つ目は、現在の自社のリソースからみて、その技術を身に付けて製品に使用できるレベルになるまでにどれくらいの期間と労力が掛かるかという視点です。ある技術の習得は、なかなか大変です。なるべく自社で保有したい欲求はありますが、第1章で述べたように素早い対応を優先して、必要なタイミングで外部リソースを使用すると判断することも必要です。

一般化＝コモディティー化した技術は、外部リソースに任せるのが鉄則ですが、本当にコモディティー化しているか、自社の強みに必須な技術ではないかとの確認はするべきです。

例えばプリント基板のレイアウト・パターン配線ですが、通常の電子機器の基板ではコモディティー化し、外部に委託したほうが安い費用で可能でしょうが、高周波や微小な電流などの特殊な用途では、自社で保有するのが適切という判断もあり得ます。

これらの視点は、製品の内容、業種や自社の状況により異なってきます。またその技術自身を保有しなくても、利用の仕方の把握、いわば活用リテラシーを高めておくことが、求められます。

少ないリソースの中で、自分たちでどの技術を持って活用するかは、まさに戦略ですが、変化に適用できるようにするために、少し幅を広めにとっておくことが必要で、新たな技術の習得に挑戦する姿勢、文化が熟成され、必要な技術を素早く習得し、活用できるようになります。

あとがき

本書を最後までお読みいただき、ありがとうございます。

令和時代を生き抜く企業になるために、まず何を始めればよいのか、何を進めればよいのかをイメージしていただけましたでしょうか。

私が中小製造業のコンサルティングをすることになったのは、「エンジニアにもっとハッピーになってもらいたい」との想いからです。「そのために自分に何ができるか」と考えました。

エンジニアの一番の喜びは、自分がつくり上げた製品を使った人に「使ってよかった。買ってよかった」と言ってもらえることです。そしてそのためには、開発した製品が使用者の課題を解決する機能を持ち、なおかつ売れなければいけません。売れることで企業に利益としてリターンが残り、企業が伸びていき、より進歩した製品の開発ができることで、更にエンジニアが喜びを感じるという、よいスパイラルになります。

このスパイラルをつくり、エンジニアの力を企業の成長につなげることで、エンジニアがハッピーになる、そのお手伝いをしたいというのが、私のコンサルティングの根底になっています。

平成の30年、日本、特に製造業は苦しい時期でした。東芝・シャープといった大手も軒並み苦しんでいます。そんな時代から令和に変わり、中小製造業に元気を出してもらうためには、大手とは違った視点をもって、対応していく必要があります。

本書では、私の中小製造業での勤務とコンサルティングの経験から、リソースの少ない中小・零細製造業でも、始められる、継続できることを念頭に、戦略づくりと新製品開発の30の秘訣をまとめました。

もちろん、中小製造業が戦略を立て、新製品を開発・販売して利益を上げていくには、本書で述べた以外にも多くの秘訣があります。それでもまずは本書の30の秘訣を理解し、実践していただくことで、今までとは違ったステージに上がり、これからの時代を生き抜き、企業としての発展につなげてもらえるのではないかと思っています。

本書を手に取っていただいたのをきっかけとして、そのようになっていただければ幸いです。人の人生も「100年時代」ですが、企業も100年以上を目指し、成長へ向かって最初の一歩を踏み出してください。

末筆ながら、本書の出版にあたり多くのアドバイスをいただいた株式会社アイ・コミュニケーション代表取締役の平野友朗氏、出版の機会を与えていただいた有限会社イー・プランニング代表取締役の須賀柾晶氏、その他、叱咤激励、支援をしていただいた多くの皆様、そして執筆活動を支えてくれた妻と家族に感謝の意を表します。

アットマーク・コンサルティング合同会社　社長　清水ひろゆき

著者略歴

清水　ひろゆき（しみず　ひろゆき）

アットマーク・コンサルティング合同会社 社長。ものづくり利益力向上コンサルタント。中小企業診断士、VEスペシャリスト、応用情報処理技術者。

静岡大学大学院電子工学科修士課程修了。横河・ヒューレット・パッカード社を皮切りに、30年以上精密電子機器の設計開発、技術サポート、マーケティング等に従事。多くの新製品開発をプロジェクトマネージャとして成功に導くと共に、実践的マーケティング手法を習得。

「エンジニアの力を　企業の成長に！」をモットーに、主に開発型製造業の新製品開発、品質改善、コストダウン、販売促進やIT化による業務改善を通した経営改善を支援。中小企業2社の勤務経験から、企業に合った実践できる改善策を提案し、結果を出している。

ブログ「アットマークなコンサルティング」を公開。新製品開発などに役立つ情報をメルマガで配信。セミナー・研修なども行っている。

https://at-consul.com　e-mail：h-shimizu@at-consul.com

令和時代を生き抜く中小・零細製造業のための
成長戦略と新製品開発の秘訣30

2019年10月3日 初版発行　　2023年7月6日 第2刷発行

著　者　清水　ひろゆき　© Hiroyuki　Shimizu

発行人　森　忠順
発行所　株式会社 セルバ出版
〒113-0034
東京都文京区湯島1丁目12番6号 高関ビル5B
☎ 03（5812）1178　FAX 03（5812）1188
https://seluba.co.jp/

発　売　株式会社 創英社／三省堂書店
〒101-0051
東京都千代田区神田神保町1丁目1番地
☎ 03（3291）2295　FAX 03（3292）7687

印刷・製本　株式会社丸井工文社

Printed in JAPAN
ISBN978-4-86367-527-8